Beiträge

215
2/94

zur Wirtschafts- und Sozialpolitik
Institut der deutschen Wirtschaft Köln

Hans-Peter Fröhlich/Hans-Peter Klös
Rolf Kroker/Franz Josef Link/Claus Schnabel

Lohnpolitik in der Europäischen Währungsunion

Gutachten

div
Deutscher Instituts-Verlag

Herausgegeben vom Institut der deutschen Wirtschaft Köln

Verantwortlich für den Inhalt:
Hauptabteilung Wirtschafts- und Sozialwissenschaften,
Leitung: Dr. Rolf Kroker

Druck: Franz Paling, Köln

ISBN 3-602-**24037**-1

Inhalt

Vorwort

Die vorliegende Studie wurde Ende 1993 unter dem Titel "Anpassungserfordernisse für die Lohnpolitik auf dem Weg zur und nach Vollendung der Europäischen Wirtschafts- und Währungsunion unter Berücksichtigung der Beschäftigungssituation: Die Sicht der Unternehmen" vom Institut der deutschen Wirtschaft Köln als Gutachten im Auftrag der Europäischen Kommission erstellt und von dieser finanziell unterstützt. Parallel dazu hat das Wirtschafts- und Sozialwissenschaftliche Institut (WSI) des Deutschen Gewerkschaftsbundes für die Europäische Kommission die gleiche Fragestellung aus der Sicht der Gewerkschaften untersucht.

Das Gutachten wurde von einem fünfköpfigen Autoren-Team erstellt, zu dem die IW-Mitarbeiter Hans-Peter Fröhlich, Hans-Peter Klös, Rolf Kroker, Franz Josef Link und Claus Schnabel gehörten.

Köln, im April 1994

1. Die Währungsunion als Ordnungsrahmen für die Lohnpolitik

Der in Maastricht unterzeichnete Vertrag über die Europäische Gemeinschaft (im folgenden: EGV) sieht bis zum Ende dieses Jahrzehnts die Schaffung einer Europäischen Wirtschafts- und Währungsunion (im folgenden: EWU) vor. In der Endstufe des Projekts soll es nur noch eine europäische Gemeinschaftswährung geben; sie wird von der noch zu gründenden Europäischen Zentralbank emittiert und kontrolliert. Ordnungspolitisch handelt es sich dabei um eine tiefgreifende Zäsur: Der gesamte Bereich der Geld- und Währungspolitik, dem nach Eucken (1952, 257) ein "besonderer Rang im Rahmen der Wirtschaftspolitik" zukommt, wird aus der einzelstaatlichen (nationalen) Verantwortung der Teilnehmerstaaten an der Währungsunion herausgelöst und auf eine gemeinschaftliche (supranationale) Ebene übertragen. Dies hat unweigerlich Folgen auch für die weiterhin im nationalen Zuständigkeitsbereich verbleibenden Felder der Wirtschaftspolitik.

Bezüglich der Finanzpolitik erkennt der EGV die wechselseitige Verflechtung der einzelnen wirtschaftspolitischen Teilbereiche ausdrücklich an. Im Rahmen des als Vorbedingung für die EWU geforderten makroökonomischen Konvergenzprozesses sind konkrete finanzwirtschaftliche Kriterien definiert. Sie schreiben den einzelnen Mitgliedsländern quantitative Vorgaben für das Defizit des öffentlichen Gesamthaushalts (3 Prozent des BIP) sowie des öffentlichen Schuldenstands (60 Prozent des BIP) vor.[1] Damit ist der Spielraum für die nationale Finanzpolitik in erheblichem Maße eingeschränkt.

Anders als die Finanzpolitik streift der EGV die Lohnpolitik nur am Rande. So heißt es in Art. 109 j Abs. 1, daß bei den Konvergenzberichten der Kommission und des Europäischen Währungsinstituts "auch die Entwicklung des ECU, die Ergebnisse bei der Integration der Märkte, der Stand und die Entwicklung der Leistungsbilanzen, *die Entwicklung bei den Lohnstückkosten* und andere Preisindizes" zu berücksichtigen seien (eigene Hervorhebung). Ein Grund für die weitgehende Ausblendung der Lohnpolitik aus dem Vertragswerk mag die wohlverstandene Zurückhaltung der Regierungen gegenüber der Autonomie der Tarifparteien sein. Ein anderer liegt darin, daß die Zusammenhänge zwischen Geld- und Lohnpolitik indirekter und differenzierter sind als die zwischen Geld- und Finanzpolitik. Gleichwohl bestehen in der EWU direkte Wechselbeziehungen auch zwischen jenen beiden Politikbereichen:

- Zum einen muß die Lohnpolitik in den einzelnen Mitgliedstaaten den von der Europäischen Zentralbank vorgegebenen Stabilitätskurs von ihrer Seite her flankieren.

- Zum anderen bedeutet die Übertragung der Geld- und Währungspolitik auf eine supranationale Institution eine wesentliche Änderung des institutionellen Rahmens, innerhalb dessen sich die nationale Lohnpolitik bewegt.

Verglichen mit dem Status quo in Europa läuft dies im Ergebnis auf eine Erhöhung der beschäftigungspolitischen Verantwortung der Lohnpolitik heraus - aber zugleich auch auf eine Steigerung ihrer beschäftigungspolitischen Wirksamkeit (Sievert, 1993, 16).

1.1 Verlust an wirtschaftspolitischen Freiheitsgraden

Der EGV impliziert vor allem insofern eine entscheidende Änderung des für die Lohnpolitik relevanten Datenkranzes, als er den diskretionären Spielraum anderer Bereiche der Wirtschaftspolitik maßgeblich einengt - sei es auf nationalstaatlicher, sei es auf gemeinschaftlicher Ebene. In diesem Zusammenhang sind namentlich zwei Aspekte relevant: einerseits die Festlegung sowohl der Geld- als auch der Finanzpolitik auf das Ziel der Preisstabilität, andererseits der Fortfall des Wechselkurses als Instrument der einzelstaatlichen Wirtschaftspolitik. Auf beides hat die Lohnpolitik Rücksicht zu nehmen, wenn sie nicht riskieren will, gesamtwirtschaftliche Inkonsistenzen zu verursachen und zusätzliche Probleme am Arbeitsmarkt zu erzeugen.

(1) Exogene Fixierung der Makropolitik

Die nationale Geldpolitik hat bereits in den letzten Jahren erheblich an Gestaltungsspielräumen verloren. Die Mechanismen des Europäischen Währungssystems zwangen die innerhalb der engen Bandbreite am

Wechselkurs- und Interventionsmechanismus teilnehmenden Länder zu einer stabilitätsorientierten Politik. Faktisch lief dies auf eine Orientierung am geldpolitischen Kurs der Deutschen Bundesbank hinaus. Der geldpolitische Souveränitätsverlust wird sich in den nächsten Jahren noch akzentuieren. Das gilt nicht erst ab der dritten Stufe der EWU, wenn die Währungshoheit vollends von den nationalen Notenbanken auf die Europäische Zentralbank übertragen sein wird. Bereits in der Zeit bis dahin wird die Geldpolitik aus der Sicht der nationalen Wirtschaftspolitik zunehmend zu einem exogenen Faktor. Denn nach Art. 109 e Abs. 5 EGV sind die nationalen Notenbanken in die Unabhängigkeit zu überführen. Zudem verpflichtet das im EGV spezifizierte Inflationskriterium jedes potentielle Teilnehmerland an der EWU auf einen strikten Stabilitätskurs.

Vor allem diejenigen Länder stehen in den nächsten Jahren unter besonderem monetären Stabilisierungsdruck, die in der Vergangenheit entweder überhaupt noch nicht am Wechselkurs- und Interventionsmechanismus des EWS teilgenommen haben oder sich den restriktiven Zwängen des Systems durch wiederholte Abwertungen ihrer Währung entzogen haben.

Das genaue Ausmaß der von den einzelnen Ländern zu leistenden Stabilisierungsfortschritte ist derzeit schwer zu quantifizieren. Denn das im EGV festgelegte Inflationskriterium ist nicht absolut, sondern relativ definiert. Danach darf die jeweilige nationale Inflationsrate "um nicht mehr als 1,5 Prozentpunkte über der Inflationsrate jener - höchstens drei - Mitgliedstaaten liegen, die auf dem Gebiet der Preisstabilität das beste Ergebnis erzielt haben".[2] Auf der Basis des für 1993 absehbaren Preistrends in der Union entspricht dies einer Inflationsrate (Deflator des privaten Verbrauchs) von circa 3,5 Prozent.[3]

Damit würden sich gegenwärtig Dänemark, Frankreich, Irland und die Beneluxstaaten für die Währungsunion qualifizieren. Um bei dem entscheidenden Eignungstest im Jahr 1996 respektive 1998 tatsächlich die Teilnahmebedingung für die Währungsunion zu erfüllen, müssen diese Länder das jetzt erreichte Maß an Stabilität für den Rest des Jahrzehnts konservieren. Die übrigen Mitgliedstaaten müssen ihre Inflationsrate weiter zurückführen - teilweise in erheblichem Umfang

(Griechenland, Portugal, Italien). Damit ist praktisch überall in der Union ein stark restriktiver Kurs der nationalen Geldpolitik vorgezeichnet.

Ähnlich verhält es sich bei der Finanzpolitik. Sie steht in allen EU-Ländern vor dem Hintergrund des geforderten Konvergenzprozesses unter erheblichem Konsolidierungszwang. Für den Durchschnitt der Union wird das laufende Defizit im öffentlichen Gesamthaushalt 1993 voraussichtlich über 6 Prozent des BIP betragen.[4] Es wird sich damit - verglichen mit der Situation zu Ende der achtziger Jahre - in etwa verdoppelt haben und liegt gleichzeitig doppelt so hoch wie die Maastricht-Norm von 3 Prozent. Ursächlich dafür ist im wesentlichen die nachhaltige EU-weite Konjunkturabschwächung zu Beginn der neunziger Jahre. Insofern scheint immerhin die Hoffnung begründet, daß nach Einsetzen des nächsten Aufschwungs die automatischen Stabilisatoren eine allmähliche Rückführung der jährlichen Finanzierungsdefizite bewirken.

Mit Blick auf das zweite Maastricht-Kriterium zur öffentlichen Haushaltslage, das heißt das Verhältnis von Schuldenstand zu BIP, gibt es für derartigen Optimismus keinen Anlaß. Im Gegenteil: Für 1994 ist hier im EU-Durchschnitt ein Wert von deutlich über 70 Prozent zu erwarten - ein Anstieg von mehr als zehn Prozentpunkten innerhalb von nur drei Jahren.[5]

Anders gewendet: Entsprach zum Zeitpunkt der Verabschiedung des EGV die geforderte Schuldenstandsnorm praktisch genau dem seinerzeitigen Ist-Wert, so hat sich die Union in der Zwischenzeit mit hohem Tempo von diesem Ziel entfernt. Auch bei konjunkturbedingt günstigerer Entwicklung der laufenden Finanzierungssalden in den nächsten Jahren werden sich die öffentlichen Verschuldungspositionen weiter verschlechtern; der Schuldenstand wird allenfalls mit verminderter Zuwachsrate wachsen. Der angestrebte Konvergenzprozeß zwingt daher die Finanzpolitik in praktisch allen Mitgliedsländern auf einen entschiedenen Konsolidierungskurs.[6]

Zusammengefaßt ergibt sich damit für die nächsten Jahre folgendes makroökonomische Politikszenario:

- Die Geldpolitik ist auf einen strikten Anti-Inflationskurs festgelegt.

- Die Finanzpolitik steht gleichzeitig unter starkem strukturellen Konsolidierungsdruck.

Beides gilt für die jetzt anstehende zweite Stufe der EWU wie auch nach Erreichen der dritten Stufe mit dem Übergang zur gemeinschaftlichen Währung. Von daher ist die Makro-Politik durch den Prozeß der Währungsintegration in Europa auf absehbare Zeit gleichsam exogen fixiert. Sie steht allenfalls in sehr geringem Umfang für eine diskretionäre Steuerung der gesamtwirtschaftlichen Nachfrage zur Verfügung.

Speziell Beschäftigungsprobleme müssen daher verstärkt angebotsseitig gelöst werden. Fehlleistungen der Lohnpolitik können dann nicht mehr - wenn auch nur vorübergehend - durch expansives staatliches demand management in ihren Wirkungen auf den Arbeitsmarkt überspielt werden.

(2) Fortfall des Wechselkursinstruments

Mit Beginn der dritten Stufe der EWU hören die nationalen Einzelwährungen auf zu existieren. Entsprechend entfällt dann im Rahmen der nationalstaatlichen Wirtschaftspolitik grundsätzlich die Möglichkeit, den Wechselkurs als Instrument zur Beseitigung makroökonomischer Schieflagen einzusetzen. Vor allem läßt sich nicht mehr durch eine Abwertung der Inlandswährung die preisliche Wettbewerbsfähigkeit eines Landes erhöhen. Zum Ausgleich struktureller Angebots- oder Nachfragediskrepanzen zwischen den einzelnen Mitgliedsländern verbleiben dann prinzipiell drei Mechanismen:

- einseitige finanzielle Transfers von den produktiveren/wohlhabenderen Ländern an die weniger produktiven/ärmeren Mitglieder;

- Wanderung von Arbeitskräften aus den wachstumsschwächeren in die wachstumsstärkeren Staaten;

- höhere Lohnflexibilität zur Beeinflussung der nationalen Preis-Wettbewerbsfähigkeit.

Öffentliche Transfers zwischen einzelnen Mitgliedstaaten in größerem Stil scheiden als realistische Option aus. Zum einen würden sie die Haushalte der Geberländer angesichts der skizzierten prekären öffentlichen Finanzlage in unzumutbarer Weise belasten. Zum anderen wäre auf zwischenstaatlicher Ebene ein umfangreicher finanzieller Ausgleichsmechanismus in Analogie zu dem innerhalb einzelner Länder praktizierten regionalen Finanzausgleich kaum durchsetzbar, solange die EU keine wirkliche gemeinschaftliche Identität entwickelt hat.

Ähnlich können Migrationsbewegungen allenfalls einen sehr geringen Beitrag zum Ausgleich von Produktivitäts- und Wohlstandsdiskrepanzen in der Union leisten. Empirische Untersuchungen weisen in der EU für die Vergangenheit eine deutlich geringere regionale Mobilität als beispielsweise in den USA nach.

Dies dürfte sich auch nach der Vollendung des Binnenmarkts nur unwesentlich ändern. Damit verbleibt nach Fortfall des Wechselkurses die Flexibilität der Löhne das wichtigste Instrument zur Beeinflussung der Preis-Wettbewerbsfähigkeit eines Landes.[7]

Gleichzeitig wird in der EWU die Effizienz der Lohnflexibilität nachhaltig gesteigert. Denn eine Änderung des nationalen Nominallohnniveaus schlägt sich dann - bei gegebener Produktivitätsentwicklung - unmittelbar in den relativen Lohnstückkosten und damit der internationalen Wettbewerbsfähigkeit nieder. Zugespitzt formuliert: In der Währungsunion ist Nominallohnpolitik stets auch gleichzeitig Reallohnpolitik.

Damit geraten die Tarifpartner noch stärker als bisher in die Verantwortung für das Beschäftigungsniveau. Sie können nicht mehr stillschweigend darauf hoffen oder explizit fordern, daß der Staat ihre Fehlleistungen ex post im Wege einer Wechselkurskorrektur neutralisiert.

Umgekehrt gilt freilich auch: Lohnzurückhaltung schlägt sich unmittelbar in verbesserter Wettbewerbsfähigkeit nieder. Die Arbeitnehmer brauchen nicht mehr zu fürchten, durch eine Aufwertung, die sie durch ihr stabilitätsorientiertes Verhalten und die dadurch genährte Erwartung einer künftig niedrigeren Inflationsrate letztlich selbst verursacht haben, um die Früchte ihrer Disziplin gebracht zu werden.

Vielfach wird der Fortfall des Wechselkursinstruments als Verlust betrachtet. Dahinter steht die Vorstellung, Probleme der Wettbewerbsfähigkeit und in ihrem Gefolge des Arbeitsmarkts ließen sich leichter lösen, wenn die gesamtwirtschaftliche Anpassung über den Wechselkurs statt über das Lohnniveau erfolge. Dies gilt allerdings nur unter einer bestimmten Prämisse der Annahme nämlich, daß infolge des Vorliegens von Wechselkursillusion (als Spezialfall Keynesscher Geldillusion) die Arbeitnehmer eine Senkung ihres Reallohnniveaus im Wege der Abwertung eher akzeptierten als eine Reduzierung der Nominallöhne.

Die in der Vergangenheit gemachten Erfahrungen sprechen nicht für diese These. Die Arbeitnehmer erkennen den mit einer Abwertung verbundenen Realeinkommenseffekt und fordern in der Regel einen Ausgleich in Form höherer Nominallöhne. So kommt es zu einem Anstieg des internen Kostenniveaus, wodurch die ursprüngliche Verbesserung der Wettbewerbsfähigkeit wieder erodiert wird. Anders formuliert: Langfristig führen nominale Wechselkursänderungen in aller Regel nicht zu realen Wechselkursänderungen (EG-Kommission, 1990, 152).

Entsprechend ändert eine Abwertung im Vergleich zu einer Situation, in der eine Abwertung nicht möglich ist, im wesentlichen nur den zeitlichen Verlauf des Anpassungsprozesses. Ökonometrische Modellsimulationen lassen erkennen, daß beispielsweise im Fall eines die inländische Wettbewerbsfähigkeit negativ beeinträchtigenden Schocks durch eine Abwertung zwar der anfängliche Produktionsverlust verringert werden kann. Die Wiederherstellung des Gleichgewichts braucht jedoch längere Zeit und geht mit höherer Inflation einher (EG-Kommission, 1990, 156).

Der Fortfall des Wechselkursinstruments bedeutet insofern nicht nur keinen arbeitsmarktpolitischen Effizienzverlust, sondern ist vielmehr aus ordnungspolitischer Sicht zu begrüßen:

- Innerhalb der einzelnen Länder wird die Verantwortung der Tarifparteien für beschäftigungskonforme Lohnabschlüsse für jedermann transparent. Das wirtschaftspolitische Assignment-Problem wird eindeutiger geregelt.

- EU-weit verliert die Lohnpolitik ihren Charakter als "kartellartiges Ritual nationaler Lohnrunden" (Sievert, 1993, 17) und Austragungsort teilweise ideologisch motivierter Verteilungskämpfe. Statt dessen wird sie verstärkt zu einem Wettbewerb der Länder und Regionen um Arbeitsplätze.

1.2 Der arbeitsmarktpolitische Hintergrund in den neunziger Jahren

Die vom EGV ausgehende Änderung des ordnungspolitischen Rahmens, innerhalb dessen sich die Lohnpolitik in Zukunft zu bewegen hat, ist vor dem Hintergrund der gegenwärtigen Wirtschaftslage in Europa zu sehen. Sie ist gekennzeichnet durch eine anhaltende Rezession. 1993 ist die gesamtwirtschaftliche Leistung im EU-Durchschnitt um circa 0,5 Prozent geschrumpft, nachdem bereits in den beiden Vorjahren nur noch geringe Zuwachsraten von 1,4 Prozent (1991) und 1,1 Prozent (1992) zu verbuchen waren.[8] Auch 1994 ist nicht mit einem durchgreifenden Aufschwung zu rechnen. Damit droht eine weitere Verschärfung der Arbeitslosigkeit.

Die Beschäftigungsprobleme haben sich bereits in den letzten Jahren in dramatischer Weise zugespitzt. Das gilt im Grundsatz für die Industrieländer insgesamt, doch für die Europäische Union in besonderer Weise.

Auf eine detaillierte Analyse der gegenwärtigen Arbeitsmarktsituation kann an dieser Stelle verzichtet werden; dies ist anderenorts mehrfach geschehen.[9] Einige wenige Schlaglichter sollen jedoch die Dimension des Problems verdeutlichen:

- Im EU-Durchschnitt (ohne neue Bundesländer) wird die Zahl der Erwerbstätigen 1993 voraussichtlich um gut 1,5 Prozent zurückgehen; das ist ein deutlich schärferer Einbruch als in den beiden letzten Rezessionen. Gleichzeitig dürfte die Arbeitslosenquote mit 11 Prozent einen neuen historischen Höchststand erreichen.[10]

- Im Unterschied zu Japan und den USA fällt auf, daß in der EU auch während konjunktureller Aufschwungphasen die Arbeitslosigkeit nicht nennenswert zurückgeführt werden konnte. Aus jedem aufeinanderfolgenden Zyklus kam die Union mit einer höheren Arbeitslosenquote hervor. Die Beschäftigungsprobleme haben sich in Europa strukturell verfestigt.

- Die hohe Sockelarbeitslosigkeit führt zu zunehmender Langzeitarbeitslosigkeit. Derzeit werden nur drei von zehn neuen Arbeitsplätzen mit Menschen besetzt, die vorher arbeitslos waren. Als Folge davon droht das Humankapital der Erwerbslosen zunehmend zu veralten und die Langzeitarbeitslosigkeit selbst zu einem beschäftigungshemmenden Merkmal zu werden (Hysteresis-Effekt).

Angesichts der absehbaren Konjunkturentwicklung wird sich die Arbeitsmarktsituation auch in der nahen Zukunft nicht entspannen, sondern eher noch verschärfen. Infolgedessen stehen die Tarifparteien in den neunziger Jahren - auch unabhängig von den von der EWU vorgegebenen makroökonomischen Restriktionen - vor einer doppelten Aufgabe: Zum einen müssen sie durch eine auf Kostendämpfung und internationale Wettbewerbsfähigkeit bedachte Lohnpolitik den Wachstumsprozeß in der Union fördern. Zum anderen müssen sie neben den Einkommensinteressen der Beschäftigten verstärkt auch die Beschäftigungschancen der Arbeitslosen berücksichtigen und einen aktiven lohnpolitischen Beitrag zum Abbau der hohen Arbeitslosigkeit leisten.

1.3 Makroökonomisch abgeleitete Grundlinien für die Lohnpolitik

Vor dem Hintergrund der skizzierten makroökonomischen Vorgaben der EWU und der absehbaren Arbeitsmarktlage in den neunziger Jahren lassen sich einige allgemeine Grundsätze für die Lohnpolitik in der Union ableiten. An dieser Stelle geht es noch nicht um konkrete einkommens-, verteilungs- oder arbeitsmarktpolitische Empfehlungen. Vielmehr soll zunächst die grobe Richtung abgesteckt werden, in die sich die Tarifparteien zu bewegen haben.

Der Grundgedanke ist, Inkonsistenzen mit den sonstigen Bereichen der Wirtschaftspolitik nach Möglichkeit zu vermeiden und so gesamtwirtschaftliche Friktionen, namentlich am Arbeitsmarkt, zu minimieren.

(1) Unterstützung des Desinflationsprozesses

So wenig wie in den nächsten Jahren die auf Inflationsbekämpfung ausgerichtete Geldpolitik der nationalen Notenbanken und danach die Stabilitätspolitik der Europäischen Zentralbank ohne eine auf Konsolidierung bedachte Finanzpolitik gelingen kann, so wenig ist dies ohne stabilitätspolitischen Beitrag der Lohnpolitik möglich. Die Arbeitskosten sind der dominierende gesamtwirtschaftliche Kostenfaktor. Überzogene Lohnforderungen würden damit nahezu unweigerlich eine Kosteninflation in Gang setzen, die alsbald in eine allgemeine Erzeuger- und Verbraucherpreisinflation mündet. Damit würden die geldpolitischen Stabilitätsbemühungen unterlaufen.

Zwar ist im Grundsatz der monetaristischen Position zuzustimmen, wonach Inflation letztlich immer ein monetäres Phänomen ist und es folglich ohne monetäre Alimentierung durch die Notenbank nicht zu einem dauerhaften Preisauftrieb kommen kann. Doch vermag erfahrungsgemäß selbst eine so stabilitätsbewußte und dem Prinzip der Geldmengensteuerung verhaftete Notenbank wie die Deutsche Bundesbank auf Dauer einem von den Lohnkosten ausgehenden Preisdruck nicht zu widerstehen.

Spätestens wenn der "nominal squeeze" einsetzt, das heißt die vorgegebene Geldmenge sich angesichts unerwartet schnell steigender Preise als Restriktion für die realwirtschaftliche Entwicklung bemerkbar macht und es zu steigender Arbeitslosigkeit kommt, wächst der politische Druck auf die Währungshüter.

Über kurz oder lang müssen diese auf den von der Lohnpolitik ausgehenden Preisdruck mit einer expansiveren Politik reagieren. Der empirische Befund belegt die Zusammenhänge: Die Deutsche Bundesbank hat in einer Analyse der langfristigen Inflationsentwicklung in Deutschland nachgewiesen, daß ein zusätzlicher Lohnkostenschub in der Regel von einer Geldmengenexpansion begleitet wird, die den Preisanstieg dauerhaft macht.[11]

Das zur Unterstützung des Desinflationsprozesses gebotene Maß an Lohnzurückhaltung ist von Land zu Land unterschiedlich:

- Diejenigen Mitgliedstaaten, die schon heute ein mit den Maastrichter Konvergenzkriterien kompatibles Stabilitätsniveau erreicht haben, sind naturgemäß in einer besseren Ausgangslage. Hier muß die Lohnpolitik im wesentlichen darauf achten, auch nach Einsetzen des nächsten Konjunkturaufschwungs den Rahmen des stabilitätspolitisch Gebotenen nicht zu verlassen.

- In den Ländern mit derzeit noch hoher Inflationsrate wird den Tarifparteien hingegen mehr abverlangt. Sie müssen durch bewußte Lohnzurückhaltung über mehrere Jahre hinweg ihrer Notenbank die Möglichkeit geben, die Inflationsrate in Richtung auf den im EGV spezifizierten Referenzwert zurückzuführen.

(2) Orientierung an der zukünftigen Inflationsrate

Um die lohnpolitische Flankierung des Desinflationsprozesses möglichst effizient zu gestalten, ist eine Orientierung der Tarifpartner an der zukünftigen statt an der aktuellen oder vergangenen Inflationsrate erforderlich. Dies gilt wiederum in besonderem Maße für die Länder mit derzeit noch ungenügender Stabilitäts-Performance. Im Rahmen des von ihnen zu absolvierenden Konvergenzprogramms müssen sie den jährlichen Preisanstieg sukzessive reduzieren. Würden unter diesen Umständen die Tarifparteien sich bei ihren Lohnabschlüssen jeweils an der Inflationsrate des Vorjahres ausrichten, so hinkten sie ständig der tatsächlichen Preisentwicklung hinterher. Die Lohnabschlüsse stellten sich insofern ex post regelmäßig als überhöht heraus und würden entweder den Desinflationsprozeß behindern oder zu erhöhter Arbeitslosigkeit führen.

Eine Orientierung an der zukünftigen Inflationsrate erfordert von den Tarifparteien eine wesentliche Verhaltensänderung. Bislang werden die Inflationserwartungen allem Anschein nach regressiv gebildet. Das gilt offenbar auch dann, wenn die Politik eine klare Vorgabe hinsichtlich des künftigen Preistrends macht. So fanden etwa Egebo und Englander (1992, 63) in einer empirischen Studie, daß die Mitgliedschaft im Interventions- und Wechselkursmechanismus des EWS keinen erkennbaren Einfluß auf das Verhalten der Tarifparteien in den einzelnen Mitgliedstaaten hatte.

Ob dies in der zweiten Stufe der EWU anders ist, hängt wesentlich von der Politik ab. Die Tarifparteien werden nur dann bereit sein, in ihr Kalkül eine sinkende Inflationsrate einzubeziehen, wenn ihnen dies verläßlich erscheint. Es geht dabei letztlich um die Glaubwürdigkeit des in Maastricht verabredeten Konvergenzprozesses insgesamt. Dieses Problem hat zwei Facetten:

- Die Stärke des jeweiligen nationalen "commitment" zur EWU: Falls es sich dabei erkennbar um nicht viel mehr als ein politisches Lippenbekenntnis handelt, werden die Tarifparteien makroökonomische Zielvorgaben kaum zum Nennwert nehmen.

- Die interne Konsistenz des Konvergenzprozesses: Falls die festgelegten Referenzwerte für die Konvergenzindikatoren unrealistisch erscheinen, taugen sie nicht zur Stabilisierung der Inflationserwartungen.

Letzteres könnte in der Praxis vor allem im Hinblick auf das Verschuldungskriterium relevant werden. Schon heute übersteigt das Verhältnis von öffentlichem Schuldenstand zu BIP im Durchschnitt der Union die 60-Prozent-Marke erheblich. Zumindest für einige Mitglieder erscheint dieser Wert auf absehbare Zeit völlig unerreichbar.[12] Für die übrigen mag er zwar nicht prinzipiell unrealistisch sein, aber seine Realisierung dürfte allgemein als unwahrscheinlich erachtet werden. In dem für die nächsten Jahre absehbaren konjunkturellen und arbeitsmarktpolitischen Umfeld scheint nämlich der dafür erforderliche kontraktive Kurs politisch kaum verkraftbar.

Formal ließe sich dieses Problem zwar durch Rückgriff auf die das 60-Prozent-Kriterium relativierende Klausel in Art. 104 c Abs. 2 Buchst. b EGV lösen. Doch ginge damit der für die Erwartungsbildung so wichtige Aspekt einer quantitativen Vorgabe verloren. Allgemeiner formuliert: Der nominale Konvergenzprozeß muß von einer realen Konvergenz untermauert werden. Dazu gehören in erster Linie ein befriedigendes Wachstum und eine erträgliche Arbeitsmarktsituation. Sind diese Voraussetzungen nicht gegeben, so ist der gesamte Konvergenzprozeß unglaubwürdig, und die von ihm erhoffte Signalwirkung auf die Erwartungsbildung der Akteure unterbleibt.[13]

(3) Primat der volkswirtschaftlichen Leistungsfähigkeit

In der Union wird es bis auf weiteres erhebliche nationale Differenzen in den Produktivitäts- und Einkommensniveaus geben. Rein ökonomisch betrachtet ist dies kein Hindernis für die Errichtung der EWU - vorausgesetzt, die Löhne in den einzelnen Ländern tragen der Produktivität und den sonstigen für die volkswirtschaftliche Leistungsfähigkeit relevanten Faktoren Rechnung. Gerade auch für die ärmeren Mitglieder der Union ist das kein Nachteil. Niedrige Löhne geben ihnen im internationalen Standortwettbewerb die Chance, Wettbewerbsnachteile in anderen Kategorien auszugleichen. Umgekehrt: Wie sollten sich die technologisch und hinsichtlich Produktivitätsniveau rückständigen Länder bei zunehmender Konkurrenz in einer Wirtschafts- und Währungsunion gegenüber den höher entwickelten Wettbewerbern behaupten wollen, wenn nicht über ihren gleichsam natürlichen Standortvorteil, das heißt niedrigere Löhne?

Es wäre fatal, wenn die reicheren Länder unter Verweis auf ein angebliches "Lohndumping" diesen Kostenvorteil marktwidrig zu beschneiden suchten. Unterschiedliche Lebensstandards sind ein normales Phänomen im wirtschaftlichen Entwicklungsprozeß. Sie gilt es zu akzeptieren und als elementaren Bestandteil des internationalen Wettbewerbs hinzunehmen.

Dabei ist der weit verbreiteten Vorstellung zu widersprechen, der intensivierte Wettbewerb auf den europäischen Arbeitsmärkten bedeute für die wohlhabenderen Mitgliedsländer zwangsläufig eine Tendenz zur Lohnanpassung nach unten. Ein hoher Lohn, der durch hohe Produktivität oder durch einen hohen Erlös für das erstellte Produkt gedeckt ist, wird sich auch bei zunehmendem Wettbewerb halten und gegebenenfalls weiter steigern lassen. Lediglich beim Lohn für einfache Arbeit könnten sich Abstriche beim Lohnniveau als unvermeidlich erweisen (Wissenschaftlicher Beirat, 1989, 26).

Eine solche strikt an der volkswirtschaftlichen Leistungsfähigkeit ausgerichtete Lohnpolitik wird sich für die Arbeitnehmer in ganz Europa als Vorteil erweisen. Besonders scheint die Sorge unbegründet, wegen des intensivierten Wettbewerbs am Arbeitsmarkt käme es im Vergleich zum

Fortbestand des Status quo zu einer insgesamt geringeren Steigerung des Lohnniveaus. Nach Einschätzung des Wissenschaftlichen Beirats beim Bundeswirtschaftsministerium (1989, 26) werden die produktivitätssteigernden Wirkungen eines intensiveren Wettbewerbs und die sonstigen Vorteile aus der Vollendung des Binnenmarkts, die zusätzliche Lohnsteigerungen erlauben, allemal stärker zu Buche schlagen als die lohndrückenden Wirkungen des intensivierten Wettbewerbs.

Eine ernste Gefährdung für einen an der volkswirtschaftlichen Leistungsfähigkeit orientierten Kurs der Lohnpolitik könnte sich aus in der EWU womöglich neu entstehenden Verteilungskämpfen ergeben.

Spätestens nach Einführung der Unionswährung werden die Einkommensdiskrepanzen zwischen den einzelnen Mitgliedern vollends transparent; ein möglicherweise noch vorhandener letzter Rest an Wechselkursillusion geht verloren. Damit wächst in den ärmeren Ländern womöglich der Wunsch nach rascherer Erhöhung des Lohnniveaus, als es auf Basis ihrer Wirtschaftskraft gerechtfertigt wäre. Das dramatischste Beispiel hierfür lieferte Deutschland in den letzten Jahren mit der forcierten Lohnangleichung zwischen Ost und West.

Begründet wird die Forderung nach beschleunigter Einkommensnivellierung zwischen zwei Regionen erfahrungsgemäß mit Gerechtigkeitsargumenten gemäß der Devise "gleicher Lohn für gleiche Arbeit". Diese Position übersieht, daß nur die Einkommen verteilt werden können, die auch am Markt verdient werden. Es kommt bei ökonomischer Betrachtung somit nicht darauf an, ob zwei Arbeitsplätze inhaltlich gleichwertig sind (gleiche Tätigkeit).

Entscheidend für die Lohnhöhe kann nur sein, ob die auf diesen Arbeitsplätzen erbrachten Leistungen am Markt auch dieselbe Wertschöpfung erwirtschaften.[14] Wird diese Binsenwahrheit ignoriert, drohen unweigerlich gravierende gesamtwirtschaftliche Probleme. Auch dafür bietet das deutsche Beispiel hinreichend Anschauungsmaterial.

In welchem Maße diese Probleme auch in der Währungsunion auf europäischer Ebene virulent werden können, hängt wesentlich davon ab,

- ob die EWU von Anfang an praktisch alle Mitglieder der Gemeinschaft umfaßt oder zunächst nur aus einer Kerngruppe relativ homogener Länder besteht,

- wie stark die Währungsunion auch als politische und soziale Gemeinschaft empfunden wird.

Substantielle Unterschiede in den Lebensstandards der einzelnen Länder wären in einer nicht nur wirtschaftlich hoch integrierten Völkergemeinschaft - entgegen der ökonomischen Ratio - politisch vermutlich nur schwer auf längere Zeit durchzuhalten. Dementsprechend sollte die EWU von Anfang an durch ein Höchstmaß an Homogenität der Teilnehmerländer gekennzeichnet sein. Dies unterstreicht im übrigen die Notwendigkeit des makroökonomischen Konvergenzprozesses in den nächsten Jahren sowie der richtigen Auswahl der Mitglieder. Sie muß sich strikt an deren ökonomischer und stabilitätspolitischer Leistungsfähigkeit sowie ihrer Bereitschaft zur weitergehenden politischen Integration orientieren (Tietmeyer, 1993, 5).

(4) Wettbewerbsorientierte intersektorale Lohnstrukturen

Neben dem Lohnniveau kommt es in der EWU entscheidend auf wirtschaftlich angemessene Lohnstrukturen an, wobei es an dieser Stelle im wesentlichen um die Dichotomie zwischen dem im direkten internationalen Wettbewerb stehenden Außenwirtschaftssektor (tradables) und dem vor ausländischer Konkurrenz weitgehend geschützten Binnensektor (non-tradables) geht. Grundsätzlich gilt: Der Außenwirtschaftssektor muß die Lohnführerschaft übernehmen.

Dieser Zusammenhang sei am Beispiel eines kleinen Landes illustriert.[15] Angenommen, im non-tradables-Sektor würden autonom die Löhne erhöht. Die Arbeitnehmer im tradables-Sektor gerieten dann in Versuchung, zur Sicherung ihrer Reallöhne ebenfalls Nominallohnsteigerungen zu erstreiten. Bei unveränderter Produktivität sind diese aber am Weltmarkt nicht durchzusetzen. Normalerweise ließe sich das Problem für das betreffende Land durch eine Währungsabwertung lösen, die die Reallöhne in allen Sektoren wieder auf ein marktmäßiges Niveau herunterschleust. In der EWU ist diese Option verbaut. In dem geschilderten Fall käme es zu einem dauerhaften Verlust an Wettbewerbsfähigkeit und zu höherer Arbeitslosigkeit.

Diese Probleme werden vermieden, wenn der internationale Sektor in der lohnpolitischen Führungsrolle ist. Dessen Lohnerhöhungsspielraum ist faktisch durch seinen Produktivitätsfortschritt bestimmt. Lohnerhöhungen, die gegen die ausländische Konkurrenz am Weltmarkt zu verteidigen sind, können im Prinzip auch vom non-tradables-Sektor übernommen werden. Bei überdurchschnittlich hohem Produktivitätszuwachs im Außenwirtschaftssektor eines Landes mag dies im Ergebnis sogar zu einer höheren Inflationsrate als im Rest der Union führen, ohne daß dies im Hinblick auf die Wettbewerbsfähigkeit schädlich wäre. Eine solche Konstellation ist vor allem für Länder mit derzeit noch geringerem Produktivitätsniveau und entsprechend hohem Potential für künftige Produktivitätssteigerungen zu erwarten.

Ein vergleichsweise hoher Preisanstieg im Inland könnte sich allerdings insofern als problematisch erweisen, als er die Einhaltung des im EGV spezifizierten Inflationskriteriums gefährdet. Daher sollte der Produktivitätsfortschritt im tradables-Sektor tunlichst nicht als Nominallohnerhöhung, sondern - zumindest teilweise - im Weg der Senkung des relativen Preises der tradables weitergegeben werden. Auf diese Weise können auch die Beschäftigten des non-tradables-Sektors an dem hohen Produktivitätsfortschritt im tradables-Sektor partizipieren; ihre Reallöhne werden steigen.

Das hier skizzierte Muster der Lohnführerschaft im tradables-Sektor entspricht im wesentlichen dem, was in der Literatur als "skandinavisches Modell" bekannt ist.[16] Für zahlreiche Länder erfordert dies eine Abkehr von ihrer derzeitigen Praxis. Häufig gibt der Binnensektor - namentlich der Staatssektor - in lohnpolitischer Hinsicht den Ton an. Aufgabe des Staatssektors auf dem Weg zur Währungsunion wäre vielmehr, lohnpolitisch mit gutem Beispiel voranzugehen: durch besondere Lohnzurückhaltung den Desinflationsprozeß zu fördern, so auch den übrigen Sektoren ein deutliches Signal zur Lohnzurückhaltung zu geben und das Bekenntnis der politisch Verantwortlichen zur Stabilitätskonvergenz mit konkreten Taten unmißverständlich zu dokumentieren.

(5) Verknüpfung von Lohnpolitik und Sozialpolitik

Der Ausdruck "Lohnpolitik" ist im vorliegenden Kontext stets in einem weiten Sinn zu definieren. Für die internationale Wettbewerbsfähigkeit eines Landes kommt es auf die Arbeitskosten in ihrer Gesamtheit an. Neben dem Lohn im engeren Sinn spielt hier eine breite Palette von Einzelregelungen eine Rolle - von der Arbeitszeit- und Urlaubsregelung über den Kündigungsschutz und Mitbestimmungsrechte bis hin zu den vom Arbeitgeber zu leistenden Beiträgen an die sozialen Sicherungssysteme. (Tarif-)Lohnpolitik und Sozialpolitik stehen somit in einem unauflöslichen inneren Zusammenhang.

Insofern hat die Sozialpolitik ebenfalls darauf zu achten, daß der Faktor Arbeit nicht zu teuer wird. Das gilt primär für diejenigen Länder der Union, in denen ein Großteil der sozialen Sicherung durch Arbeitgeber- und Arbeitnehmerbeiträge aufgebracht wird.

Doch auch in den Ländern, in denen die sozialpolitischen Leistungen vorwiegend aus allgemeinen Steuern finanziert werden, können diese nicht ohne Gefährdung der gesamtwirtschaftlichen Wettbewerbsfähigkeit beliebig gesteigert werden.

Angesichts der durch die volkswirtschaftliche Leistungsfähigkeit vorgegebenen Restriktion stehen (Nominal-)Lohnpolitik und Sozialpolitik untereinander prinzipiell in einem trade-off-Verhältnis. Dies muß kein Nachteil sein. Denn dadurch eröffnen sich vielfältige Möglichkeiten zur nationalen Differenzierung je nach kollektiver Präferenzlage. So mag in einem Land der Spielraum für eine vertretbare Erhöhung der Arbeitskosten genutzt werden zur Anhebung der Nominallöhne. In einem anderen Land dagegen mag der Ausbau der sozialen Sicherung im Vordergrund stehen.

Ein Drängen auf möglichst weitgehende EU-weite Harmonisierung aller sozialpolitischen Regelungen, wie es gelegentlich zur Verhinderung eines angeblichen Sozialdumpings mit Blick auf Länder mit geringerem sozialen Sicherungsniveau gefordert wird, ist von daher nicht nur sachlich unbegründet, sondern im Hinblick auf eine EU-weit möglichst beschäftigungsfördernde Lohnpolitik auch kontraproduktiv.

Vor diesem Hintergrund sind auch die Bestrebungen zur Angleichung sozialrechtlicher Standards in der EU, wie sie in der Europäischen Sozialcharta von 1989 und in Titel VIII Kapitel 1 EGV ("Sozialvorschriften") in Verbindung mit dem "Protokoll über die Sozialpolitik" angelegt sind, nicht gänzlich ohne Vorbehalte zu sehen.

Unstrittig ist, daß es der Vereinheitlichung bestimmter sozialrechtlicher Regelungen bedarf, um das reibungslose Funktionieren des Binnenmarktes sicherzustellen und die in Art. 48 EGV verankerte Freizügigkeit der Arbeitnehmer abzusichern. Die in diesem Zusammenhang relevanten Maßnahmen sind jedoch durchweg schon in den frühen siebziger Jahren ergriffen worden, so daß es hier keiner weiteren Schritte mehr bedarf.

Die EG-Sozialcharta geht weiter, indem sie auf eine allmähliche Annäherung der sozialen Standards innerhalb der Union abzielt. Soweit es sich dabei um Mindestnormen im Rahmen sozial- und arbeitsrechtlicher Schutzvorschriften handelt, wie sie Art. 118 a EGV vorschreibt, scheint dies ebenfalls unbedenklich. Dagegen öffnet Art. 118 EGV zumindest potentiell ein breites Feld zur EU-weiten Harmonisierung und Regulierung. Hier ist stets sorgsam zu prüfen, inwieweit neue sozialpolitische Initiativen die Wettbewerbskraft einzelner Mitglieder oder der Union als Ganzes gegenüber Drittstaaten tangieren können. Ein gewisser Schutz vor überbordendem Regulierungseifer ist diesbezüglich die Verpflichtung der Europäischen Kommission, vor Verabschiedung eines Richtlinienvorschlags im Rahmen des sozialen Dialogs die Sozialpartner zu konsultieren.

In diesem Zusammenhang ist im übrigen an das in Maastricht neu in den EGV aufgenommene Prinzip der Subsidiarität (Art. 3 b) zu erinnern. Danach soll die Union nur dann mit gemeinschaftlichen Initiativen tätig werden, wenn die entsprechenden Ziele auf der Ebene der Mitgliedstaaten nicht ausreichend erreicht werden können. Dies mag beispielsweise für die Verbesserung der Bedingungen auf dem Gebiet der Sicherheit und Gesundheit sowie der Gleichbehandlung von Männern und Frauen am Arbeitsplatz zutreffen. Dagegen sollten bei den Arbeitsbedingungen und etwa auch in Mitbestimmungsfragen auf absehbare Zeit nationale Regelungen, sei es durch Betriebsvereinbarungen oder durch die Tarifvertragsparteien, sei es durch den Gesetzgeber, Vorrang haben. Auf diesen Gebieten können Gemeinschaftsregelungen den differenzierten Bedürfnissen der Branchen oder der einzelnen Unternehmen nicht genügend Rechnung tragen. Sie drohen damit letztlich die Arbeitskosten unnötigerweise zu erhöhen.[17]

2. Die lohnpolitische Ausgangslage: Empirischer Befund

In der Vergangenheit wurden die Tarifparteien EU-weit den hier abgeleiteten Grundlinien für die Lohnpolitik nicht oder allenfalls in sehr eingeschränktem Umfang gerecht. Diesen Schluß legt jedenfalls eine empirische Analyse der lohnpolitischen Performance in der jüngeren Vergangenheit nahe.

Über weite Strecken ist die Lohnentwicklung dem Produktivitätsfortschritt vorausgeeilt mit der Folge, daß die Lohnstückkosten rasant angestiegen sind. Zusammen mit den eingetretenen Veränderungen im internationalen Wechselkursgefüge hat sich damit von der Lohnkostenseite her die Wettbewerbsfähigkeit der EU gegenüber den USA und Japan teilweise deutlich verschlechtert.

Allerdings gilt dies für die einzelnen Mitgliedstaaten in stark unterschiedlichem Maße. Es zeigt sich, daß einige Länder schon in den vergangenen Jahren weitgehend eine an den volkswirtschaftlichen Erfordernissen orientierte Lohnpolitik betrieben haben, wogegen die Tarifparteien in anderen Ländern davon weit abgewichen sind. Sie müssen in der Zukunft angesichts des von der EWU geprägten gesamtwirtschaftlichen Ordnungsrahmens mit einer wesentlich stärkeren Sanktionierung von lohnpolitischem Fehlverhalten rechnen als in der Vergangenheit.

2.1 Lohnstückkostenvergleich EU, USA, Japan

Angesichts der überragenden Bedeutung der Arbeitskosten im gesamtwirtschaftlichen Kostengefüge können die Lohnstückkosten als der umfassendste Indikator der internationalen Kosten-Wettbewerbsfähigkeit eines Landes gelten. Denn sie erfassen gleichzeitig die Wirkungen von Arbeitskosten und Leistungsfähigkeit einer Volkswirtschaft. Ein internationaler Vergleich der Lohnstückkosten wird dabei grundsätzlich von drei Teilkomponenten beeinflußt: von der nationalen Lohnstückkostenentwicklung in einer Volkswirtschaft oder einer Wirtschaftsregion, von der Wechselkursentwicklung zwischen den Konkurrenzländern sowie den Arbeitskosten-, Produktivitäts- und Wechselkursverhältnissen, die zum jeweiligen Zeitpunkt das Lohnstückkostenniveau determinieren.

Analysiert man in einem ersten Schritt die Lohnstückkostenentwicklung für das Verarbeitende Gewerbe in nationaler Währung, so ergibt sich im Vergleich der EU mit den USA und Japan der folgende Befund (Abbildung 1):

- Im gewichteten Durchschnitt der EU-Volkswirtschaften sind die Lohnstückkosten zwischen 1980 und 1992 um rund 55 Prozent gestiegen. Daraus errechnet sich ein jährlicher Anstieg von rund 3,7 Prozent.

- In den USA sind die nationalen Lohnstückkosten im gleichen Zeitraum gerade um 13 Prozent gestiegen (jährlich 1 Prozent), für Japan beträgt der entsprechende Anstieg sogar nur knapp 10 Prozent (jährlich 0,7 Prozent).

- Im gesamten Beobachtungszeitraum hat sich die Kosten-Wettbewerbsfähigkeit der EU auf Nationalwährungsbasis gegenüber den USA damit um rund 38 Prozent, gegenüber Japan sogar um 42 Prozent verschlechtert.

Die Kostenposition im internationalen Wettbewerb wird allerdings nicht allein durch die heimischen Lohnstückkosten, sondern in erheblichem Ausmaß auch durch die Wechselkursentwicklung beeinflußt. Dabei gleichen im theoretischen Modell die Wechselkurse preis- und kostenbedingte Wettbewerbsunterschiede langfristig zwar aus. In der Realität - und vor allem kurzfristig - erfüllen die Wechselkurse diese Ausgleichsfunktion jedoch nicht. Bezogen auf die EU, die USA und Japan hat die

Abbildung 1

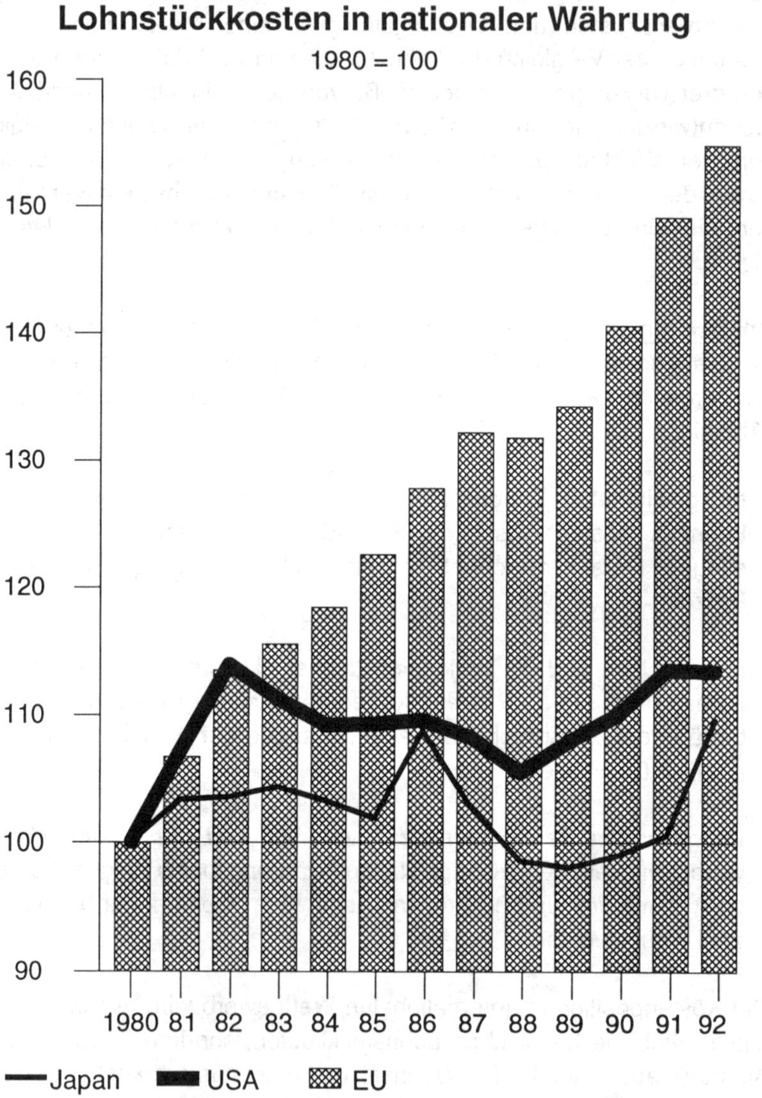

Lohnstückkosten: Verarbeitendes Gewerbe
EU: Gewichtet mit den Anteilen am Export der Industrieländer
Quelle: EG-Kommission; OECD; IWF; eigene Berechnungen

Wechselkursentwicklung vielmehr zu erheblichen Verschiebungen bei der relativen Lohnstückkostenposition geführt (Abbildung 2):

- Auf einheitlicher Währungsbasis (US-Dollar) haben sich die Lohnstückkosten im EU-Durchschnitt zwischen 1980 und 1992 um rund 38 Prozent erhöht.

- In den USA betrug der entsprechende Anstieg 13 Prozent, in Japan dagegen infolge der starken Aufwertung des japanischen Yen 94 Prozent.

- Auf Dollarbasis hat sich die Lohnstückkostenposition der EU im Betrachtungszeitraum gegenüber den USA damit "nur" um 22 Prozent verschlechtert, gegenüber Japan hat sie sich dagegen sogar um 29 Prozent verbessert.

Ein völlig anderes Bild der Änderung der Wettbewerbsverhältnisse ergibt sich allerdings dann, wenn man lediglich auf den jüngeren Zeitraum 1985 bis 1992 abstellt (Tabelle 1). In diesem Vergleich hat die EU eindeutig die ungünstigste Lohnstückkostenentwicklung; ein Viertel des Anstiegs geht hierbei zurück auf die nationale Lohnstückkostenentwicklung, drei Viertel auf die kräftige Dollarabwertung. Die japanische Wirtschaft wurde von der Dollarabwertung zwar noch weit stärker getroffen als die Länder der Europäischen Gemeinschaft.

Tabelle 1

Lohnstückkosten in US-Dollar EU, USA und Japan

Änderung in Prozent

	1980/85	1985/92	1980/92
EU	-34,8	112,1	38,3
USA	9,0	3,7	13,0
Japan	-3,9	102,2	94,3

Basis: Verarbeitendes Gewerbe
Europäische Union: Durchschnitt, gewichtet mit den Anteilen am Export der Industrieländer
Quelle: EG-Kommission; OECD; Deutsche Bundesbank; eigene Berechnungen

Abbildung 2

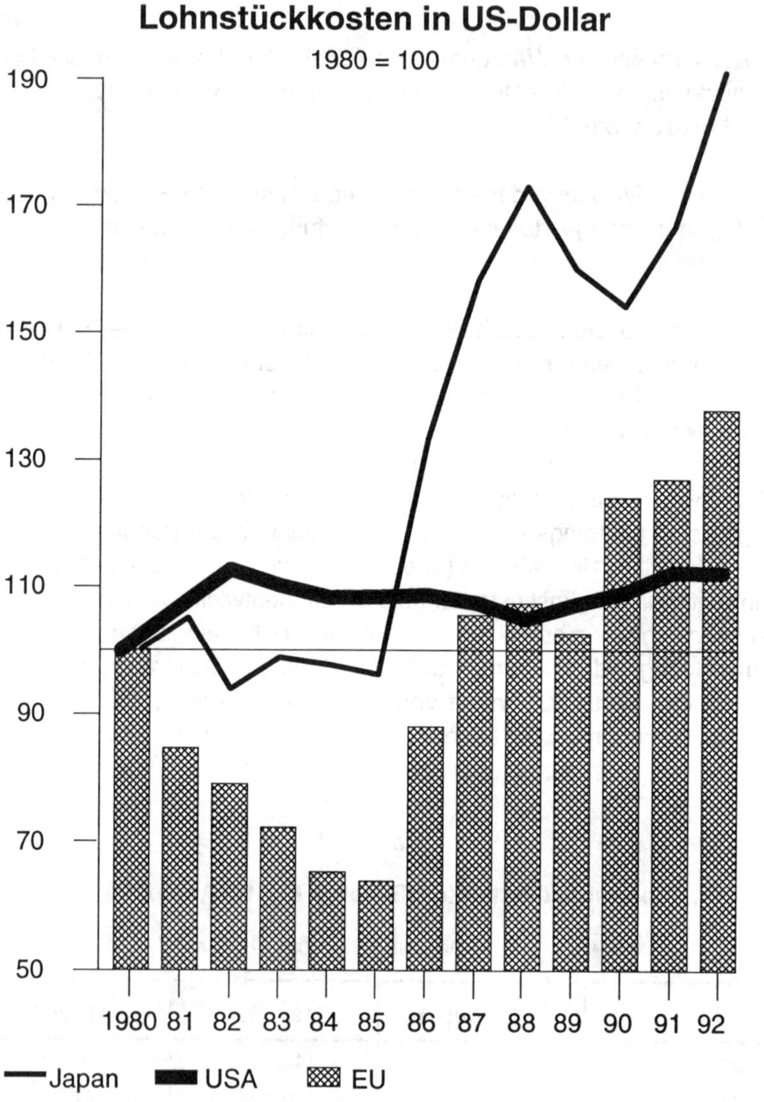

Lohnstückkosten: Verarbeitendes Gewerbe
EU: Gewichtet mit den Anteilen am Export der Industrieländer

Quelle: EG-Kommission; OECD; Deutsche Bundesbank; eigene Berechnungen

Wegen der äußerst moderaten Entwicklung der nationalen Lohnstückkosten fiel die Verschlechterung der Wettbewerbsposition im internationalen Vergleich jedoch um immerhin zehn Prozentpunkte schwächer aus als im Falle der EU.

Die relative Lohnstückkostenposition der EU hat sich seit Anfang der achtziger Jahre gegenüber den USA also verschlechtert, gegenüber Japan insgesamt verbessert. Die Lohnstückkostenentwicklung, die die Veränderung der internationalen Wettbewerbsposition mißt, erlaubt jedoch noch keine Rückschlüsse darauf, ob eine Volkswirtschaft oder Wirtschaftsregion absolut betrachtet gegenüber Konkurrenzländern einen Wettbewerbsvorsprung hat oder nicht. Hierzu ist es erforderlich, international vergleichbare Niveaus der Lohnstückkosten zu bestimmen. Mit ihnen kann gemessen werden, in welchem Ausmaß ein heimisches Produkt im Vergleich zum Ausland mit Lohnkosten belastet ist. Um einen aussagekräftigen internationalen Vergleich der Lohnstückkosten-Niveaus zu ermöglichen, wurde folgende methodische Vorgehensweise gewählt:

- Die nationalen Arbeitskosten wurden zum jeweiligen Wechselkurs in eine gemeinsame Währung, in diesem Fall den US-Dollar, umgerechnet.

- Die nationalen Daten der industriellen Bruttowertschöpfung wurden, um die Abbildung der realwirtschaftlichen Produktionsentwicklung sicherzustellen, zu konstanten Preisen und Wechselkursen bewertet. Um ein möglichst aktuelles Bild der relativen Produktions- und Produktivitätsverhältnisse zu erhalten, wurde als Preis- und Wechselkursbasis das Jahr 1992 gewählt.

Der internationale Vergleich der Lohnstückkosten-Niveaus zeigt für das Verarbeitende Gewerbe der EU, der USA und Japans folgenden Befund (Abbildung 3):

- Im Jahr 1992 waren die Lohnstückkosten sowohl in den USA als auch in Japan geringer als im Durchschnitt der EU. Der Lohnstückkostenvorteil der USA lag bei 8 Prozent, der Vorsprung Japans sogar bei 17 Prozent.

Abbildung 3

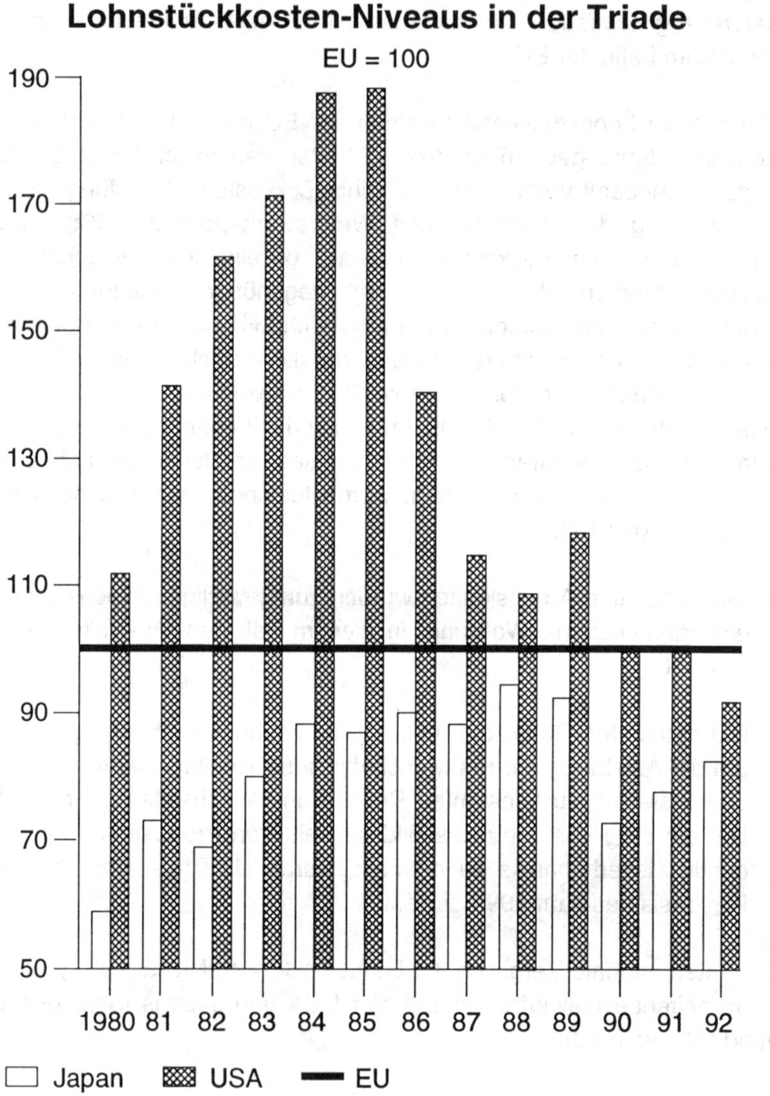

Basis: Verarbeitendes Gewerbe; in US-Dollar
EU: Gewichtet mit den Anteilen am Export der Industrieländer

Quelle: EG-Kommission; OECD; IWF; eigene Berechnungen

- Noch bis einschließlich 1989 hatte die EU einen deutlichen Wettbewerbsvorsprung gegenüber den USA. Erst im Laufe der neunziger Jahre hat sich der Lohnstückkostenvorteil in einen Lohnstückkostennachteil verkehrt.

- Japan hatte im gesamten Beobachtungszeitraum gegenüber den Konkurrenzländern einen mehr oder weniger deutlichen Lohnstückkostenvorteil. Infolge des niedrigen Ausgangsniveaus (1980: rund 60 Prozent) relativiert sich vor allem auch der steile Anstieg der japanischen Lohnstückkosten auf Dollar-Basis. Die Kosten-Wettbewerbsfähigkeit japanischer Produkte hat sich relativ betrachtet zwar verschlechtert, gleichwohl haben Produkte "made in Japan" immer noch einen beachtlichen Wettbewerbsvorteil gegenüber europäischen und amerikanischen Industriegütern.

Im gewichteten Durchschnitt hatten EU-Industriegüter im Jahr 1992 folglich eine um fast 14 Prozent höhere Lohnstückkostenbelastung als vergleichbare amerikanische und japanische Produkte.

Einen absoluten Kostenvorsprung konnte die EU nach diesen Berechnungen letztmalig für das Jahr 1989 verbuchen.

2.2 Lohnstückkostenvergleich innerhalb der EU

Mißt man die Entwicklung der nationalen Lohnstückkosten innerhalb der EU an der durchschnittlichen Lohnstückkostenentwicklung in der Gemeinschaft, zeigt sich eine Art Drei-Klassen-Gesellschaft (Tab. 2):

- Eine besonders günstige Entwicklung der Lohnstückkosten hatten im gesamten Beobachtungszeitraum 1980/92 die Niederlande, Irland, Luxemburg und Belgien.

- Eine mittlere Position nehmen Deutschland, Großbritannien, Frankreich und Dänemark ein.

- Deutlich dreistellige Zuwachsraten der nationalen Lohnstückkosten lassen sich im genannten Zeitraum schließlich für Spanien, Italien, Portugal und Griechenland feststellen.

Tabelle 2

Lohnstückkosten in nationaler Währung innerhalb der EU

Änderung in Prozent

	1980/85	1985/92	1980/92
Niederlande	0,0	5,1	5,1
Irland	25,3	-8,5	14,6
Luxemburg	9,1	8,3	18,2
Belgien	8,0	12,7	21,7
Deutschland	10,7	30,2	44,2
Großbritannien	18,2	34,7	59,3
Frankreich	48,7	11,4	65,6
Dänemark	31,8	33,8	76,3
Spanien	46,9	47,1	116,1
Italien	67,8	35,7	127,6
Portugal	141,3	116,9	423,5
Griechenland	193,4	162,0	668,7

Basis: Verarbeitendes Gewerbe
Quelle: EG-Kommission; OECD; eigene Berechnungen

Stellt man auf den jüngeren Zeitraum 1985/92 ab, bleibt das gerade dargestellte Grundmuster mit allerdings leichten Modifikationen erhalten. So zählt nun zusätzlich auch Frankreich zur Gruppe der lohnkostenstabilen Länder, und Italien findet Anschluß an die Länder mit einer eher durchschnittlichen Lohnstückkostenentwicklung.

Auch für den Intra-EU-Vergleich gilt allerdings, daß die Kostenposition im internationalen Wettbewerb nicht allein durch die heimischen Lohnstückkosten, sondern gleichfalls durch die Wechselkursentwicklung beeinflußt wird. Berechnet man deshalb die Lohnstückkostenentwicklung in einheitlicher Währung (US-Dollar), so zeigt sich folgendes Ergebnis (Tabelle 3):

- Gemessen am Durchschnitt der Gemeinschaft konnten sechs Länder, nämlich Irland, Luxemburg, Belgien, Niederlande, Großbritannien und Frankreich, ihre Lohnstückkostensituation relativ verbessern.

Tabelle 3

Lohnstückkosten in US-Dollar innerhalb der EU

Änderung in Prozent

	1980/85	1985/92	1980/92
Irland	-35,6	47,2	-5,1
Luxemburg	-46,2	100,3	7,5
Belgien	-46,9	108,3	10,7
Niederlande	-40,2	98,6	18,8
Großbritannien	-34,7	84,9	20,8
Frankreich	-30,1	89,2	32,2
Spanien	-38,2	145,6	51,7
Italien	-24,8	111,1	58,8
Dänemark	-30,0	135,2	64,7
Deutschland	-31,7	145,7	67,9
Griechenland	-9,5	90,1	72,0
Portugal	-29,7	175,8	94,0

Basis: Verarbeitendes Gewerbe
Quelle: EG-Kommission; OECD; Deutsche Bundesbank; eigene Berechnungen

- Umgekehrt hat sich in Spanien, Italien, Dänemark, Deutschland, Griechenland und Portugal die Wettbewerbssituation wechselkursbedingt verschlechtert.

Bemerkenswert ist darüber hinaus, daß in Ländern, die auf Dollarbasis eine vergleichsweise günstige Lohnstückkostenentwicklung vorweisen können, gleichzeitig - mit Ausnahme Deutschlands - auch der Lohnstückkostenanstieg in nationaler Währung vergleichsweise moderat gelaufen ist. Lediglich Deutschland wies in einheitlicher Währung eine erheblich ungünstigere Lohnstückkostenentwicklung auf als auf Nationalwährungsbasis.

Länder mit einer vergleichsweise moderaten nationalen Lohnstückkostenentwicklung konnten diesen Vorteil also meist in eine Verbesserung der internationalen Wettbewerbsfähigkeit ummünzen. Umgekehrt hat in den Ländern mit einer eher stabilitätswidrigen Lohnpolitik der Wechselkursmechanismus in der Regel nicht dafür gesorgt, daß die daraus entstehenden Nachteile kompensiert werden konnten. Die Abwertung der heimischen Währung hat die Verschlechterung der Lohnstückkostenposition in vielen Fällen zwar abgemildert, zu einer völligen Umkehr der Wettbewerbsverhältnisse über die Wechselkursentwicklung ist es dagegen bislang nicht gekommen.

Die Tatsache, daß verschiedene Länder unterschiedlich starke Anstrengungen zur Eindämmung der Lohnstückkostenentwicklung unternommen haben und daß die Wechselkursentwicklung als Korrektiv der nationalen Lohnstückkostenentwicklung in vielen Fällen ausgefallen ist, hat zu teilweise erheblichen Verschiebungen der absoluten Lohnstückkostenposition innerhalb der Länder der Europäischen Union geführt (Abbildung 4).

- Deutschland weist innerhalb der Europäischen Union inzwischen das höchste Lohnstückkosten-Niveau aus; 1985 lag die westdeutsche Industrie im Niveauvergleich noch an siebter Stelle.

- Neben Deutschland haben lediglich Dänemark, Spanien und Portugal ihre Lohnstückkostenposition gemessen am EU-Niveau verschlechtert. Alle übrigen Volkswirtschaften haben sie mehr oder weniger deutlich verbessert.

- Besonders große Erfolge bei der Verminderung des Lohnstückkosten-Niveaus können Frankreich, Großbritannien und besonders Irland vorweisen. Vor allem in Großbritannien ist dies allerdings weniger einem moderaten lohnpolitischen Kurs im Innern als vielmehr einer kräftigen Abwertung des britischen Pfundes gegenüber dem US-Dollar zuzurechnen.

Führt man schließlich die Ergebnisse des Intra-EU-Vergleichs und des anfangs angestellten Vergleichs zwischen der EU insgesamt, den USA und Japan zusammen, läßt sich folgendes Resümee ziehen:

Verglichen mit dem japanischen Lohnstückkosten-Niveau hatten 1992 lediglich Irland, Portugal und Griechenland einen Lohnstückkostenvor-

Abbildung 4

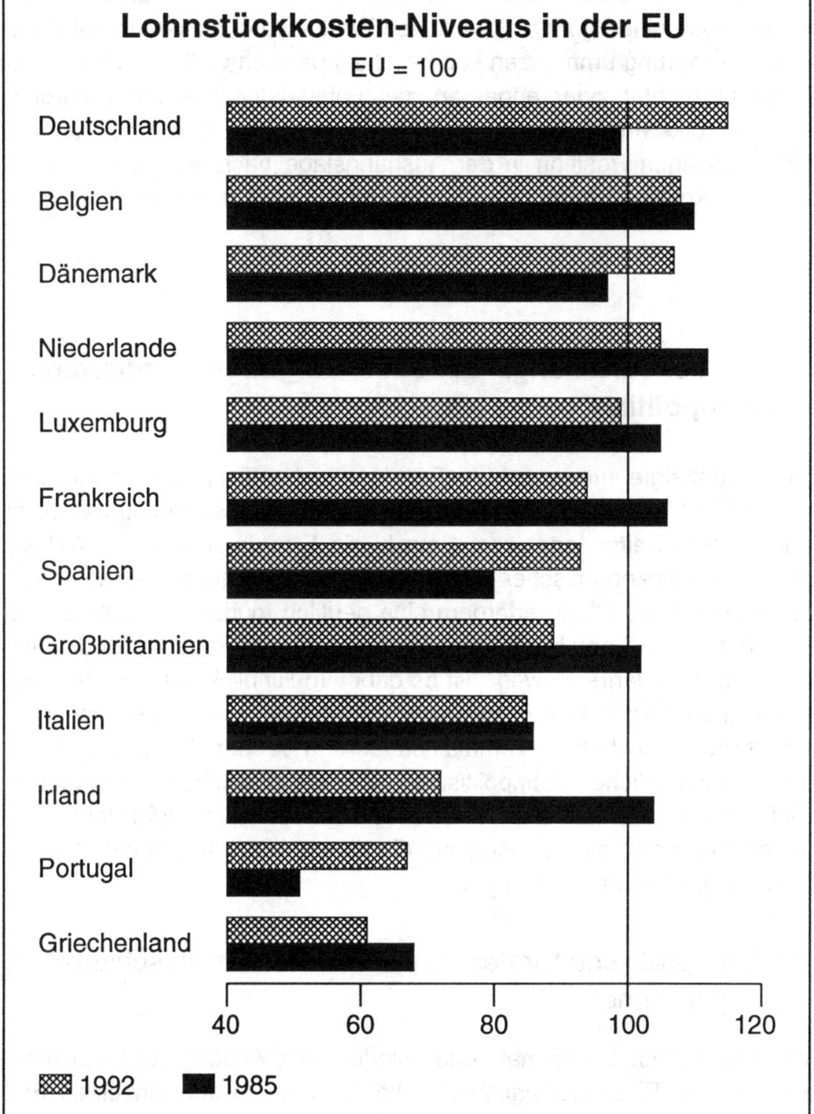

Basis: Verarbeitendes Gewerbe; in US-Dollar

Quelle: EG-Kommission; OECD; Deutsche Bundesbank; eigene Berechnungen

teil. Von den übrigen neun EU-Volkswirtschaften stellten sich darüber hinaus Großbritannien und Italien besser als die US-Volkswirtschaft, wobei diese einen vormals deutlichen Wettbewerbsrückstand zuletzt in einen Vorsprung ummünzen konnte. Die japanische Wirtschaft ist langfristig betrachtet zwar enger an das Lohnkostenniveau der europäischen Volkswirtschaften herangerückt. Allerdings resultiert aus der sehr günstigen Position in der Ausgangslage nach wie vor ein komfortabler Kostenvorsprung gegenüber der europäischen Konkurrenz.

3. Von der verteilungs- zur beschäftigungsorientierten Lohnpolitik

Der aufgezeigte intertemporale Trend der Lohnstückkostenentwicklung in den EU-Staaten darf und kann sich in den kommenden Jahren nicht unverändert weiter fortsetzen. Sowohl die Erfordernisse der EWU als neuer makroökonomischer Ordnungsrahmen als auch die zu erwartende Arbeitsmarktlage erfordern eine deutlich moderatere Lohnpolitik. Mit niedrigeren Tarifabschlüssen in einem einzelnen Jahr - oder auch über mehrere Jahre hinweg - ist es dabei im Hinblick auf den Rest der neunziger Jahre jedoch nicht getan. Erforderlich ist vielmehr eine dauerhafte und nachhaltige Verhaltensänderung bei den Tarifparteien, der ein grundsätzlicher lohnpolitischer Paradigmawechsel vorangehen muß. Die bislang in praktisch allen Ländern dominierenden lohnpolitischen Strategien sind ungeeignet, die richtige Antwort auf die Herausforderungen der Zukunft zu geben.

3.1 Lohnpolitische Strategien und ihre gesamtwirtschaftlichen Implikationen

Wie der diagnostizierte mehr oder minder steile Anstieg der Lohnstückkosten - auf Basis der nationalen Währungen - in den einzelnen EU-Mitgliedstaaten dokumentiert, konnten die Ziele der Kosten- oder Preisstabilität in der Vergangenheit nicht in der Lohnpolitik umgesetzt werden. Für die Arbeitnehmer ist Lohnpolitik offenbar immer auch Verteilungspolitik:

- In guten konjunkturellen Zeiten bemessen sie ihre Forderungen meist nach der Formel "Produktivitätsrate + voller erwarteter Preisanstieg + Umverteilungskomponente".

- In der Rezession fällt lediglich die Umverteilungskomponente weg; das Ziel ist dann Verteilungsneutralität.

Grundsätzlich gilt: Die verteilungsorientierte lohnpolitische Strategie birgt erhebliche Gefahren für die Preisstabilität, die internationale Wettbewerbsfähigkeit der Wirtschaft sowie für Wachstum und Beschäftigung - und zwar ohne letztlich das angestrebte Verteilungsziel garantieren zu können (siehe hierzu auch Seite 44 ff). Speziell vor dem Hintergrund der EWU und dem angestrebten Konvergenzprozeß der nächsten Jahre ist die entscheidende Schwäche dieses lohnpolitischen Konzeptes darin zu sehen, daß es den antizipierten Preisanstieg großenteils immer wieder über Lohnstückkostensteigerungen selbst produziert und mit hoher Wahrscheinlichkeit in eine "Lohn-Preis-Spirale" einmünden muß.

Eine auf Preisstabilität verpflichtete Geldpolitik muß diesen Mechanismus früher oder später unterbinden. Es kommt dann zum offenen Konflikt mit der Lohnpolitik. Der Prozeß endet letztlich in einer Stabilisierungskrise, wie es in zahlreichen europäischen Ländern Mitte der siebziger und Anfang der achtziger Jahre der Fall war. Angesichts des in den kommenden Jahren EU-weit zu erwartenden geldpolitischen Restriktionskurses wäre daher selbst eine auf Verteilungsneutralität ausgerichtete Lohnpolitik mit großen Gefahren für Wachstum und Beschäftigung verbunden. Anders gewendet: Die Inflationskomponente darf künftig keineswegs mehr voll in die Lohnabschlüsse eingearbeitet werden.

Nach einer gewissen Übergangsphase - zumindest für die Länder mit bislang überdurchschnittlich hoher Inflationsrate - ist letztlich eine strikt produktivitätsorientierte Lohnpolitik anzustreben. Sie beschränkt den nominellen Lohnanstieg auf den Fortschritt der Arbeitsproduktivität. Auf die Arbeitsstunde bezogen steht dem Lohnkostenanstieg ein gleich hoher Leistungszuwachs gegenüber, so daß sich die Produktion von der Lohnkostenseite her nicht verteuert. Diese Strategie zielt somit auf eine Konstanz der Lohnstückkosten ab. Ein lohnkosteninduzierter Preisdruck entsteht nicht. Insofern ist diese Form der Lohnpolitik zugleich auch stabilitätsorientiert. Konstante Lohnstückkosten erzeugen darüber hinaus keinen Rationalisierungsdruck. Wirtschaftliches Wachstum wird damit beschäftigungsintensiver.

Streng genommen garantiert eine produktivitätsorientierte Lohnpolitik aber noch keine stabilen Lohnstückkosten. Die gleiche Einschränkung gilt bezüglich der gesamten Stückkosten (Lohnkosten plus Kapitalkosten je Produkteinheit). Selbst wenn die Tarifpartner nur allgemeine Lohnerhöhungen im Ausmaß des Produktivitätsfortschritts beschließen, erhöht beispielsweise ein Anstieg der Arbeitgeberbeiträge zur Sozialversicherung die Lohnkosten und damit auch die Lohnstückkosten. Dieselbe Einschränkung gilt bezogen auf die gesamten Stückkosten, wenn sich der Einsatz des Kapitals (über erhöhte Abschreibungen und Zinsen) verteuert. Die produktivitätsorientierte Lohnpolitik ist in diesen Fällen nicht automatisch stabilitätsgerecht und beschäftigungsfördernd.

Erst der Übergang zur sogenannten kostenniveauneutralen Lohnpolitik, wie sie etwa in Deutschland vom Sachverständigenrat zur Begutachtung der gesamtwirtschaftlichen Entwicklung (1964, Tz. 248 ff.) in den sechziger Jahren entwickelt wurde, erfüllt diese Kriterien voll. Andererseits erhöht sich der kostenniveauneutrale Verteilungsspielraum für die Tarifpolitik, wenn die Lohnnebenkosten und/oder die Kapitalkosten sinken.

Die gesamtwirtschaftlichen Auswirkungen einer produktivitäts- oder kostenniveauneutralen Lohnpolitik sind nicht unumstritten. Diese Strategien liefern nur dann uneingeschränkt positive Ergebnisse, wenn sich die wirtschaftliche Gesamtsituation im Gleichgewicht befindet. Sie sorgen bei strikter Anwendung dafür, daß sich von der Kostenseite her betrachtet daran nichts ändert. Allerdings konservieren sie mit derselben Strenge auch Ungleichgewichte und werden deshalb mitunter als "Schönwetterformeln" bezeichnet.

Befindet sich die Wirtschaft - wie in der EU gegenwärtig und auf absehbare Zukunft der Fall - in einer Situation der Unterbeschäftigung und soll dies korrigiert werden, muß der Lohnanstieg geringer ausfallen, als diese lohnpolitischen Leitlinien vorgeben. Das heißt, die Lohnzuwächse müssen hinter der Rate des Produktivitätsfortschritts zurückbleiben.

3.2 Anforderungen an eine beschäftigungsorientierte Lohnpolitik

Während der konjunkturellen Aufschwungphase in der zweiten Hälfte der achtziger Jahre konnte die EU vorübergehend beachtliche Beschäftigungszuwächse verbuchen. Im EU-Durchschnitt ging die Arbeitslosenquote immerhin von 10,8 Prozent im Jahr 1985 auf 8,3 Prozent 1990 zurück. Diese positive Entwicklung wurde in den davorliegenden Jahren eingeleitet und im weiteren Verlauf unterstützt durch steigende Unternehmenserträge, die die Investitionsneigung und die Investitionsfähigkeit der Unternehmen verbesserten. Dies schlug sich in einer bis 1990 steigenden Investitionsquote nieder. Parallel dazu ging die gesamtwirtschaftliche Lohnquote zurück. Mehr oder weniger stark ausgeprägt war diese Entwicklung in allen EU-Ländern zu beobachten.

Die dann einsetzende Rezession hat die Tendenzen umgekehrt: Die Investitionsquote fiel zurück, die Lohn- und Arbeitslosenquoten sind wieder gestiegen. Angesichts der Prognosen über die weitere Entwicklung der Arbeitsmarktlage in der EU für die nächsten Jahre setzt ein nennenswerter Beschäftigungsanstieg eine spürbare Wiederbelebung der Investitionstätigkeit voraus. Einer Analyse der Europäischen Kommission (1993a) zufolge müßte im EU-Durchschnitt die Investitionsquote von derzeit weniger als 20 Prozent auf 23 bis 24 Prozent steigen, um einen Wachstumstrend des realen Bruttoinlandsprodukts von etwa 3,5 Prozent pro Jahr zu erreichen. Erst ein solches Wachstumsniveau würde die Arbeitslosenquote nachhaltig - das heißt um etwa einen Prozentpunkt pro Jahr - absenken.

Als wichtigste Determinante der Investitionstätigkeit identifiziert die Europäische Kommission die "capital profitability". Sie ist definiert als der Netto"gewinn" je Einheit Netto-Kapitalstock, wobei der Netto"-gewinn" ermittelt wird als Bruttoinlandsprodukt abzüglich Arbeitskosten (einschließlich Arbeitsentgelt der Selbständigen und Mithelfer) und Abschreibungen. Die Entwicklung der so definierten Kapital-Profitabilität gibt Abbildung 5 wieder, deren bisheriger Tiefpunkt im

Abbildung 5

Quelle: Eurostat; EG-Kommission

Rezessionsjahr 1981 erreicht. Anschließend stieg sie bis 1989 an, zuletzt war sie wieder rückläufig. Aber selbst auf dem Höhepunkt von 1989 blieb die Kapitalrentabilität um 8,9 Prozent unter dem Durchschnitt der Vollbeschäftigungsjahre 1961 bis 1973.

Die Europäische Kommission (1993a, 107) konstatiert darüber hinaus, daß die Lohnpolitik die entscheidende Steuerungsgröße der Kapitalrentabilität ist. Die relativ moderate Lohnkostenentwicklung im Zeitraum 1982 bis 1989 ließ die Anlageinvestitionen um zusätzlich 7,5 Prozent sowie die Beschäftigung um 5 Prozent steigen und reduzierte die Inflationsrate um einen Prozentpunkt pro Jahr. Gegenüber dem Vergleichsszenario mit unveränderter Einkommensverteilung erhöhte sich die Investitionsquote um 1,3 Prozentpunkte, das mögliche jährliche Wachstum stieg um 0,5 Prozentpunkte an.

Eine moderate Lohnpolitik ist somit die Schlüsselgröße für mehr Investitionen, Wachstum und Beschäftigung. Moderate Lohnpolitik in diesem Sinn heißt: Lohnanstieg unterhalb des Produktivitätsfortschritts, damit Raum geschaffen wird für wieder nachhaltig bessere Ertragserwartungen der Unternehmen.

3.3 Exkurs: Wechselkurs und Lohnpolitik

Die in den letzten Jahren infolge überdurchschnittlicher Lohnsteigerungen und einer kräftigen Dollar-Abwertung eingetretene Verschlechterung der Wettbewerbsfähigkeit der EU-Volkswirtschaften im Vergleich zu den USA und Japan läßt sich auf den ersten Blick - alternativ zu einer beschäftigungsorientierten Lohnpolitik - auch durch eine bewußt herbeigeführte Wechselkursänderung korrigieren.

Diese Strategie, die auf eine von der Geldpolitik durch aggressive Leitzinssenkung initiierte Abwertung der europäischen Währungen gegenüber Drittstaaten hinausläuft, erscheint manchen Beobachtern als ein weniger schmerzhafter Anpassungsweg. Das gilt namentlich für die Fälle, in denen der relative Anstieg der Lohnstückkosten im internationalen Vergleich auf ungünstige Wechselkursentwicklungen und nicht auf exzessive Lohnerhöhungen im Inland zurückzuführen ist. Zugespitzt formuliert, ist nach dieser Sicht den Arbeitnehmern nicht zuzumuten, durch "Einkommensverzicht" im Sinne einer moderaten, wettbewerbsorientierten Lohnpolitik für Fehlentwicklungen an den internationalen Finanzmärkten aufzukommen.

Bei näherem Hinsehen zeigt sich allerdings, daß die Abwertungsoption für die Europäische Union keine wirkliche Alternative zur Lohnzurückhaltung ist - unabhängig davon, auf welchem Wege die Wettbewerbsverschlechterung zustande kam. Die gegenwärtigen wirtschaftlichen Probleme würden dadurch eher noch weiter vergrößert:

- *Unmittelbar* führt eine Abwertung stets unweigerlich zu importierter Inflation, die erfahrungsgemäß alsbald in eine interne Anpassungsinflation mündet. Damit verselbständigt sich die Inflationsdynamik. Die mit der Abwertung verbundene Verschlechterung der Terms of Trade würde zudem die Realeinkommen der Haushalte und Unternehmen deutlich verringern. Das Leistungsbilanzdefizit würde sich infolge der Importverteuerung kräftig erhöhen und dem Ausland sowie den internationalen Kapitalanlegern signalisieren, daß die wirtschaftlichen Probleme innerhalb Europas an Schärfe gewinnen. Tempo und Umfang des Abwertungsprozesses könnten in diesem Fall außer Kontrolle der europäischen Notenbanken geraten. Um einer Abwertungs-Inflations-Spirale zu begegnen, wären sie gezwungen, die Leitzinsen wieder heraufzusetzen - wegen des zwischenzeitlichen Vertrauensverlustes möglicherweise sogar auf ein höheres Niveau als in der Ausgangslage.

- *Mittelbar* dürften durch eine von den Notenbanken bewußt betriebene Abwertungsstrategie die europäischen Kapitalmärkte einen schwerwiegenden Vertrauensverlust erleiden. Die Kapitalmarktzinsen würden ansteigen statt - wie konjunkturell und beschäftigungspolitisch geboten - zu sinken. Denn mit der Inflation nehmen die Inflationserwartungen zu, und die internationalen Kapitalanleger verlangen wegen der zunehmenden Abwertungsrisiken einen Zinsaufschlag als Ausdruck für die gesunkene Bonität der EU-Volkswirtschaften. Der Zinsanstieg würde die interne Wirtschaftsentwicklung nachhaltig beeinträchtigen. Denn die Investitionen im Unternehmenssektor, der private Wohnungsbau und die kreditfinanzierte Konsumnachfrage würden erheblich belastet.

Die langfristig erwünschten positiven Auswirkungen - vor allem die Verbesserung der Wettbewerbsfähigkeit und der Exportsituation - sind dagegen keineswegs sicher. Zum einen könnte der Anstieg der Nettoexporte daran scheitern, daß die aktive Abwertungsstrategie vom Ausland als beggar-my-neighbour-Politik interpretiert würde und es infolgedessen zu einem Abwertungswettlauf zwischen den betroffenen Volkswirtschaften käme. Zum anderen hätte die Terms of Trade-Verschlechterung unmittelbare preistreibende Effekte beim Import von Vorleistungen. Die Wettbewerbsfähigkeit würde damit für sich betrachtet sogar belastet.

Die Änderung der realen Wechselkurse und der realen Lohnstückkosten müßte spätestens dann scheitern, wenn die importierte Inflation zum Ausgangspunkt für neue, zusätzliche Lohnforderungen gemacht würde. Falls nicht, sinken die realen Arbeitnehmereinkommen. Dann ist allerdings zu fragen, warum die Tarifparteien nicht gleich den direkten, weit weniger schädlichen Weg der Lohnzurückhaltung gehen wollen.

Die Abwertungsstrategie ist im Lichte dieser Argumente, aber auch vor dem Hintergrund einer Vielzahl europäischer Erfahrungen, letztlich keine Alternative zur Lohnzurückhaltung:

- Sowohl Schweden als auch Frankreich haben in den frühen achtziger Jahren mit einer auf Abwertung gerichteten Finanz- und Geldpolitik Schiffbruch erlitten. In beiden Fällen ist die importierte Inflation in die Höhe geschnellt, und es wurden die Verteilungskonflikte im Inland zusätzlich verschärft, ohne daß die an der außenwirtschaftlichen Front erhofften Erfolge eingetreten wären.

- Umgekehrt hat die langfristig zu beobachtende Aufwertung der D-Mark über den Produktivitätsdruck, den sie bei den Unternehmen ausgelöst hat, die Wettbewerbsfähigkeit der Bundesrepublik Deutschland verbessert und die Realeinkommen über eine Verbesserung der Terms of Trade zusätzlich erhöht.

Die Erfahrungen der Bundesrepublik verdeutlichen besonders, daß ein Land, dessen Währung sich im langfristigen Trend aufwertet, sogar einen größeren lohnpolitischen Spielraum erhält. Denn die mit einer

Aufwertung in der Regel einhergehende Verbesserung der Terms of Trade eröffnet einen zusätzlichen, über den hausgemachten Teil hinausgehenden Realeinkommensspielraum. Diese zusätzlichen Einkommen kommen sowohl den Beziehern von Arbeitseinkommen als auch von Gewinneinkommen zugute.

Im Falle einer Abwertung und Terms of Trade-Verschlechterung verkleinert sich dagegen die im Inland verteilbare Einkommensmasse; Lohn- und Gewinneinkommensbezieher erleiden Realeinkommenseinbußen. Versuchen die Gewerkschaften, die daraus entstehenden zusätzlichen Belastungen der Arbeitnehmer auf die Unternehmen abzuwälzen, geraten zunächst die Gewinne zusätzlich unter Druck. Mittel- und längerfristig werden aber vor allem auch Investitionen und Wachstum in Mitleidenschaft gezogen, mit der Konsequenz, daß die Realeinkommenseinbußen der Arbeitnehmer, die zunächst noch verhindert werden konnten, infolge von Wachstums- und Beschäftigungsverlusten nun um so kräftiger zu Buche schlagen.

3.4 Die Verantwortung der Tarifvertragsparteien

(1) Verzicht auf Verteilungsorientierung kein Nachteil für die Arbeitnehmer

Die bisherige Analyse hat deutlich gezeigt, daß die Lohnpolitik auf dem Weg zur und unter den Bedingungen einer Währungsunion mehr denn je ihrer gesamtwirtschaftlichen Verantwortung für Preisstabilität, wirtschaftliches Wachstum und Beschäftigung gerecht werden muß. Die Gewerkschaften scheinen in den meisten EU-Ländern einstweilen nicht bereit, von ihrer traditionell verteilungsorientierten Lohnpolitik abzuweichen, deren Ziel es ist, den Arbeitnehmern einen wachsenden oder zumindest gleich hohen Anteil am Volkseinkommen zu sichern. Dahinter steht die Befürchtung, die Arbeitnehmer könnten bei einer moderaten Lohnpolitik im Wachstumsprozeß verteilungspolitisch "abgehängt" werden.

Diese gedankliche Grundlage der verteilungsorientierten Lohnpolitik verkennt aber grundlegende ökonomische Zusammenhänge. Eine umverteilungsorientierte aggressive Lohnpolitik garantiert keineswegs auch ein positives Verteilungsergebnis für die Gruppe der Arbeitnehmer insgesamt, und eine zurückhaltende Lohnpolitik ist nicht gleichbedeutend mit Einkommensverzicht für die Arbeitnehmer. Entscheidend für das Verteilungsergebnis ist nicht, was ex ante in der Lohnpolitik angestrebt und durchgesetzt wird, sondern welches Resultat sich ex post nach Ablauf aller unternehmerischen und gesamtwirtschaftlichen Reaktionen auf diese Lohnpolitik einstellt.

Lohnpolitik ist kein statisches Nullsummenspiel, in dem die Verteilungsgewinne des einen notwendigerweise die Verteilungsverluste des anderen sind. Eine Lohnpolitik, die Spielraum läßt für steigende Erträge und Investitionen der Unternehmen, erhöht über wirtschaftliches Wachstum und stabile Preise die reale Verteilungsmasse, an der auch die Arbeitnehmer über steigende Realeinkommen und mehr rentable Arbeitsplätze profitieren.

Umgekehrt ist eine ex ante umverteilungsorientierte Lohnpolitik mit verschlechterten Gewinnaussichten, verminderter Investitionsneigung und -fähigkeit sowie Wachstumsverlusten verbunden. Im Ergebnis fällt die reale Verteilungsmasse geringer aus.

Eine Veränderung der gesamtwirtschaftlichen Lohnquote läßt von daher notwendigerweise keine eindeutigen Rückschlüsse auf die Einkommensposition der Arbeitnehmer zu, und zwar weder für den einzelnen Arbeitnehmer noch für ihre Gesamtheit.

Zu berücksichtigen ist dabei auch, daß die in den Volkswirtschaftlichen Gesamtrechnungen ausgewiesenen Einkommen aus Unternehmertätigkeit und Vermögen auch Einkommen enthalten, die den Arbeitnehmern zufließen (Querverteilung). Insofern ist die Lohnquote als tarifpolitische Zielgröße grundsätzlich ungeeignet.

Diese Zusammenhänge lassen sich sowohl für Westdeutschland als auch für die EU insgesamt empirisch bestätigen:

- In Westdeutschland ging immer dann, wenn die gesamtwirtschaftliche Lohnquote anstieg und damit die Arbeitnehmer einen vermeintlichen Verteilungsgewinn verbuchen konnten, deren Realeinkommen

Tabelle 4

Lohnquote, Reallohn, Beschäftigung

Westdeutschland

	Lohnquote	Reallohn	Beschäftigung
1975-78	74,1 ↘ 72,9	+2,7	+1,4
1978-82	72,9 ↗ 76,9	+/-0	- 0,2
1982-90	76,9 ↘ 69,9	+/-0,6	+1,6
1990-93	69,9 ↗ 72,5	+0,7	- 0,8

Lohnquote: Anteil der Bruttoeinkommen aus unselbständiger Arbeit am Volkseinkommen
Reallohn: Reale Bruttolohn- und -gehaltssumme je Beschäftigten; jahresdurchschnittliche Veränderungen in Prozent
Beschäftigung: Beschäftigte Arbeitnehmer; jahresdurchschnittliche Veränderung in Prozent; um 1 Jahr zeitversetzt
Quelle: Statistisches Bundesamt; eigene Berechnungen

in Wahrheit zurück; oder es wuchs nur unterdurchschnittlich, und Arbeitsplätze gingen verloren. Spiegelbildlich dazu verlief die Entwicklung in Jahren sinkender Lohnquote (Tabelle 4). Es ist für das Ergebnis unerheblich, ob dabei auf die allgemeine oder die - von gewerkschaftlicher Seite präferierte - bereinigte Lohnquote abgestellt wird.[18]

- Auf EU-Ebene zeigt sich ein ganz ähnlicher Befund (Tabelle 5). Auch im EU-Durchschnitt konnten die Arbeitnehmer bei rückläufiger Lohnquote höhere Reallohnsteigerungen und Beschäftigungsgewinne verbuchen und vice versa. "Daß Verteilungskämpfe vielen schaden und niemandem nützen, wenn sie dazu führen, daß insgesamt weniger verteilt werden kann, ist eine einfache Wahrheit; doch fällt es in der Politik sehr schwer, daraus die richtigen Konsequenzen zu ziehen" (Sachverständigenrat, 1993, Tz. 45*).

Tabelle 5

Lohnquote, Reallohn, Beschäftigung

Europäische Union

	Lohnquote	Reallohn	Beschäftigung
1975-79	77,1 ↘ 74,5	+2,4	+0,5
1979-81	74,5 ↗ 75,9	+1,0	- 1,0
1981-89	75,9 ↘ 70,2	+1,2	+0,8
1989-91	70,2 ↗ 71,2	+0,9	- 0,2

Arbeitskosten (einschließlich des kalkulatorischen Unternehmerlohnes)
in Prozent des Bruttoinlandsprodukts zu Faktorkosten
Reale Arbeitskosten je Beschäftigten; jahresdurchschnittliche Veränderungen in Prozent
Beschäftigte Arbeitnehmer; jahresdurchschnittliche Veränderungen in Prozent;
um ein Jahr zeitversetzt
Quelle: Statistisches Bundesamt; eigene Berechnungen

(2) Überwindung der Verteilungsorientierung in der Lohnpolitik

Eine vornehmlich auf Verteilungsziele ausgerichtete Lohnpolitik zeigt gesamtwirtschaftlich suboptimale Ergebnisse. Sie stellt zudem eine schwere Hypothek auf dem Weg zur Währungsunion dar, da sie quasi zwangsläufig stabilitätspolitische Erfordernisse ignoriert. Ein Konflikt zwischen dieser Form der Lohnpolitik und einer stabilitätsorientierten Geldpolitik ist letztlich unvermeidlich. Die Gefahr von Stabilisierungskrisen ist unter diesen Vorzeichen virulent.

Eine Auflösung des vermeintlichen Gegensatzes zwischen Arbeit und Kapital und eine Entlastung der Tarifpolitik um Verteilungskämpfe wären ein idealer Weg, die Tarifpolitik zu entideologisieren und auf ihre eigentliche Aufgabe, marktgerechte Löhne auszuhandeln oder Bedingungen dafür zu schaffen, daß sich diese am Arbeitsmarkt herausbilden können, zurückzuführen. Ein Weg zu diesem Ziel wäre die stärkere, direkte Beteiligung der Arbeitnehmer über die Lohnquote hinaus auch an der zweiten Einkommensart des Volkseinkommens, den Bruttoeinkommen aus Unternehmertätigkeit und Vermögen. Die Vorteile liegen auf der Hand:[19] Die Gewerkschaften und Arbeitnehmer brauchten nicht länger zu fürchten, bei moderater Lohnpolitik verteilungspolitisch abgehängt zu werden, denn einem Weniger beim Bruttoeinkommen aus unselbständiger Arbeit stände zwangsläufig ein Mehr bei ihrer zweiten Einkommensquelle gegenüber.

Da im Aufschwung Gewinneinkommen schneller als Kontrakteinkommen wachsen, ist die Wahrscheinlichkeit groß, daß das Gesamteinkommen der Arbeitnehmer höher ist als ohne Gewinnbeteiligung. Im Abschwung vermindert sich die Gefahr, den Arbeitsplatz zu verlieren; es findet somit ein (begrenzter) trade-off zwischen Einkommens- und Beschäftigungsrisiko statt.

Für die Unternehmen zahlt sich ein solcher Systemwechsel ebenfalls aus, wie zahlreiche empirische Studien bestätigen (Übersicht 1): Arbeits- und Kapital-Produktivität steigen, ebenso die Rentabilität des eingesetzten Kapitals. Auch das Institut der deutschen Wirtschaft Köln konnte in seinen empirischen Untersuchungen positive einzelwirtschaftliche Ergebnisse nachweisen (Guski/Schneider, 1983).

Bei den Beteiligungskonzepten sind zwei Grundtypen zu unterscheiden:

- Im Fall der ertragsorientierten Entlohnung ist ein Teil des Kontrakteinkommens erfolgsabhängig, der Arbeitnehmer ist aber nicht notwendigerweise zugleich auch Anteilseigner des Unternehmens. Das japanische Bonus-System zielt in diese Richtung, ebenso die Vorschläge von Weitzman (1984). Diese Beteiligungstypen schwächen ein Durchschlagen rezessiver Entwicklungen auf die Beschäftigung ab, da der Entlassungsdruck durch eine flexible Reaktion der Arbeitskosten zumindest teilweise abgefedert wird.

- Denkbar ist aber auch eine direkte Beteiligung der Arbeitnehmer am Produktivkapital der Unternehmen (zum Beispiel über Aktienbesitz).

Übersicht 1

Empirische Erkenntnisse über die wirtschaftlichen Auswirkungen von Gewinnbeteiligungssystemen

Studie	Methode und Datenquelle	Ergebnisse
Cable und FitzRoy (1980)	Ökonometrisches Modell, 42 Unternehmen mit Gb, 1972 bis 1976	Wechselwirkung zwischen Mitbestimmung und Leistungslohn. Beide haben Einfluß auf das Unternehmensergebnis. Unternehmen mit hoher Beteiligung zeigten bei der Produktion je Arbeitnehmer, der Produktion je Kapitaleinheit und der Rentabilität um 5, 177 und 33 Prozent bessere Ergebnisse als Unternehmen mit geringer Beteiligung, nicht aber bei der Steigerung der Produktion zu konstanten Preisen.
FitzRoy und Kraft (1985)	Fallstudie über ein Unternehmen mit Gb und ein Unternehmen im Arbeitnehmerbesitz	Ein statistischer Vergleich der wesentlichen wirtschaftlichen Indikatoren mit dem Branchendurchschnitt über den Zeitraum 1972 bis 82 zeigt für das Unternehmen mit Gb bei mehreren Indikatoren (Umsatz, Beschäftigung, Bruttoinvestitionen etc.) sehr beachtliche Ergebnisse, nicht aber für das im Arbeitnehmerbesitz befindliche Unternehmen.
FitzRoy und Kraft (1986 und 1987)	Ökonometrisches Modell, 65 metallverarbeitende Unternehmen mit Gb 1977 bis 1979	Starke, positive Auswirkungen der Gb und der Vermögensbeteiligung der Arbeitnehmer auf Rentabilität und Produktivität. Kein Einfluß der Gewinne auf die Gb. Unternehmen mit Gb sind größer und rentabler, haben höhere Arbeitsproduktivität und geringere Kapitalintensität als Unternehmen ohne Gb. Sowohl Gb als auch Kapitalbeteiligung haben demnach starke Auswirkungen auf die Produktivität.
Cable (1987)	Kritische Bewertung der in den ökonometrischen Studien angewandten Methoden	Verweist auf einige der wesentlichen methodologischen Schwächen (Indexberechnung) früherer ökonometrischer Studien über Deutschland, stellt damit die Ergebnisse früherer Bewertungen in Frage, besonders die Feststellung von positiven Auswirkungen einer Erfolgsbeteiligung auf die Produktivität.

Studie	Methode und Datenquelle	Ergebnisse
Cable (1988)	Ökonometrisches Modell und Befragung: 61 Maschinenbau unternehmen mit Gb 1977 bis 1979	Darstellung systematischer Unterschiede in Merkmalen von Unternehmen mit Gb und solchen mit Mitbestimmung. Ein Zusammentreffen beider Beteiligungsformen ist recht selten, wodurch das Argument fraglich wird, wonach für Produktivitätsgewinne die Kombination aus Gb und Mitbestimmung entscheidend ist. Andererseits deutet dies darauf hin, daß die von Weitzman genannte Bedingung für positive Auswirkungen der Gb (kein Einfluß der Arbeitnehmer auf die Entscheidungsprozesse) unter Umständen. in Deutschland zutreffen könnte. Die Unternehmen mit Mitbestimmung schnitten im Bereich des menschlichen Kapitals wesentlich besser ab, und ihre Produktivität war zumindest nicht schlechter als bei den anderen Unternehmen. Bei den Gb-Unternehmen zeigten dagegen die Indikatoren des menschlichen Kapitals eher niedrige Werte, und diese Betriebe neigten auch mehr zu repetitiven Produktionsmethoden.
Cable und Wilson (1988)	Ökonometrisches Modell; 61 Maschinenbau-unternehmen mit Gb 1978 bis 1982	Produktivitätsunterschiede von 20 bis 30 Prozent zugunsten der Gb-Unternehmen; diese Unterschiede werden aber bewertet als das Gesamtergebnis verschiedener organisatorischer Faktoren (also nicht allein der Gb). Deutliche Unterschiede in den Hauptmerkmalen der deutschen Unternehmen, zum Beispiel im Vergleich zu Betrieben im Vereinigten Königreich.
Hart und Hubler (1989)	Ökonometrisches Modell, Sozioökonomische Testgruppendaten, 1984 und 1985	Die Höhe der Gb hat positiven Einfluß auf die durchschnittlich geleisteten Arbeitsstunden. Entgegen Weitzmans Behauptung können sich Lohn und Gewinnanteil nicht gegenseitig ersetzen. Sowohl Lohn als auch sonstige Einkommensteile zeigen eine positive Korrelation zur Beteiligung. Die Entscheidung für oder gegen eine Beteiligung fällt beim Einzelnen. Gb erscheint als Beteiligung der Arbeitnehmer an einer spezifischen Investition. In Deutschland beteiligen sich von 3628 Personen 5,4 Prozent an Gb-Plänen.

Quelle: EG-Kommission (1991)

Das tariflich vereinbarte Arbeitsentgelt schwankt dann nicht im Konjunkturverlauf, wohl aber das Gesamteinkommen aus Kontrakteinkommen und Einkommen aus Beteiligungen.

Beide Formen der Gewinnbeteiligung, die sich natürlich auch kombinieren lassen, sind grundsätzlich geeignet, die Verteilungskonflikte in der Lohnpolitik zu entschärfen. Darauf kommt es an.

(3) Für eine flexible Lohnstruktur

Die Umsetzung ertragsorientierter Entlohnungssysteme entschärft aber nicht nur potentielle Verteilungskonflikte zwischen den Tarifparteien. Sie bringt darüber hinaus Flexibilität in die Lohnfindung und Lohngestaltung. Die zunehmenden Probleme am Arbeitsmarkt verlangen ein flexibles Reagieren der Effektivlöhne auf qualifikatorisch, regional und nach Branchen unterschiedliche Knappheiten am Arbeitsmarkt. Je besser die Löhne diese Disparitäten reflektieren, um so größer ist die Chance, über Einkommensanreize Angebot und Nachfrage am Arbeitsmarkt sozialverträglich auszugleichen und die Unterbeschäftigung so gering wie möglich zu halten. Allerdings ist vor einem Mißverständnis zu warnen: Eine differenzierte Lohnstruktur muß nicht notwendigerweise auch eine flexible Lohnstruktur sein. Und eine differenzierte, aber zugleich auch zementierte Lohnstruktur ist unter allokativen Gesichtspunkten einer mehr einheitlichen Lohnstruktur nicht zwangsläufig überlegen. Worauf es ankommt ist vielmehr, daß die von den Tarifparteien auf überbetrieblicher Ebene ausgehandelten Löhne genügend Raum für eine sich am Markt herausbildende Lohndrift lassen. Der Königsweg wäre eine Tarifpolitik, die bei ihren Abschlüssen einen zurückhaltenden Kurs steuert und den Verteilungsspielraum bewußt nicht voll ausschöpft. Die Effektivlöhne könnten sich dann je nach Differenzierungsbedarf von diesen Tariflöhnen nach oben lösen, ohne zugleich ein Lohnniveauproblem zu schaffen.

3.5 Die Verantwortung des Staates

Der hier vorgeschlagene Weg einer Entideologisierung der Lohnpolitik läßt sich nur mittel- und langfristig voll umsetzen. Realistischerweise ist davon auszugehen, daß in den nächsten Jahren bis zur Vollendung der

EWU eine stark verteilungsorientierte Komponente in der Lohnpolitik noch zum Alltag gehört. Der Staat kann einen wesentlichen Beitrag dazu leisten, den Verteilungskonflikt möglichst friktionsarm zu lösen.

(1) Die Abgabenschere

Verständlicherweise messen die Arbeitnehmer ihre Einkommensentwicklung am Nettoeinkommen. Für die Unternehmen und damit letztlich für die Nachfrage nach Arbeitskräften sind aber die gesamten Arbeitskosten relevant. Zwischen "Arbeitnehmerlohn" und "Arbeitgeberlohn" liegt die Abgabenschere ("tax wedge"). Im System der Volkswirtschaftlichen Gesamtrechnungen setzt sie sich zusammen aus den direkten lohnbezogenen Steuern der Arbeitnehmer und den Arbeitnehmer- und Arbeitgeberbeiträgen zur Sozialversicherung. Es ist offensichtlich, daß bei großer und vor allem zunehmender tax-wedge die Interessen der Unternehmen an einem moderaten Anstieg der Arbeitskosten und die Interessen der Arbeitnehmer an möglichst stark steigenden Nettoeinkommen immer schwieriger auf einen Nenner zu bringen sind. Verteilungskonflikte erhalten somit auch von dieser Seite her Nahrung - oder positiv gewendet, sie ließen sich durch einen Abbau der tax wedge nachhaltig entschärfen. Vor allem in Zeiten nur geringer realwirtschaftlicher Verteilungsspielräume sollte diese Option mit ins Kalkül gezogen werden.

Tabelle 6 zeichnet die Höhe und die Entwicklung der Abgabenschere für die einzelnen EU-Länder nach. Da die Volkswirtschaftlichen Gesamtrechnungen der EU die Nettolohn- und -gehaltssumme nicht ausweisen, wurde hilfsweise auf Berechnungen der OECD zur Einkommenssituation von durchschnittlich verdienenden Industriearbeitern zurückgegriffen. Diese Quelle hat den Nachteil, daß sie bei der Ermittlung der Sozialabgabenbelastung nur den Arbeitnehmeranteil erfaßt.

Die in Tabelle 6 ausgewiesenen Ergebnisse unterschätzen somit sowohl das Niveau der Abgabenschere als auch die Entwicklung, da mit Ausnahme Dänemarks und Großbritanniens in allen anderen Ländern die Sozialabgabenbelastung im Beobachtungszeitraum zugenommen hat. Unter Berücksichtigung dieser Einschränkungen zeigt sich für den Zeitraum 1981 bis 1991 folgendes Bild:

Tabelle 6

Die Abgabenschere[1] beim Durchschnittsverdiener[2]

	Lediger Arbeitnehmer			Verheirateter Alleinverdiener mit 2 Kindern		
	1981	1991	Veränderung in Prozent	1981	1991	Veränderung in Prozent
B	33,8	35,4	+4,7	26,2	23,7	-9,5
DK	42,2	46,9	+11,1	36,4	38,5	+5,8
D-West	32,6	36,6	+12,3	25,9	26,9	+3,9
GR	11,6	n.a.	-	10,3	n.a.	-
E	17,1	17,3	+1,2	12,8	12,4	-3,1
F	20,4	25,2	+23,5	12,3	18,1	+47,2
IRL	28,1	32,7	+16,4	17,7	24,2	+36,7
I	22,6	27,1	+19,9	19,3	23,2	+20,2
NL	35,8	41,0	+14,5	33,5	38,3	+14,3
P	15,4	17,1	+11,0	14,5	11,9	-17,9
UK	31,1	26,4	-15,1	27,5	23,1	-16,0
EUR[3]	27,9	30,6	+9,7	22,6	24,0	+6,2

1 Einkommensteuer und Arbeitnehmerbeiträge zur Sozialversicherung in Prozent des Bruttoeinkommens
2 Durchschnittlich verdienender Industriearbeiter
3 Einfaches arithmetisches Mittel (ohne Griechenland)
Quelle: OECD, 1986; 1992

- Die Abgabenschere hat sich im Durchschnitt der EU-Länder beim ledigen Arbeitnehmer um knapp 10 Prozent auf nunmehr 30,6 Prozent erhöht. Beim verheirateten Alleinverdiener mit zwei Kindern liegt die gesamte Abgabenlast beim selben Einkommensniveau wegen der familienbezogenen steuerlichen Entlastungen um 6,6 Prozentpunkte niedriger, und der Anstieg fällt mit 6,2 Prozent zudem geringer aus.

- Bezogen auf den ledigen Arbeitnehmer ist die Abgabenbelastung nur in Großbritannien, beim verheirateten Alleinverdiener zusätzlich in Belgien, Portugal und Spanien gesunken. In der Mehrzahl der Länder hat es teilweise ganz erhebliche Steigerungen der Abgabenbelastung gegeben.

Es läßt sich somit festhalten, daß der Staat über seine Abgabensysteme einen im Zeitablauf zunehmenden Keil zwischen Arbeitgeber- und Arbeitnehmerlohn getrieben hat. Dies hat die Aufgabe der Tarifparteien, marktgerechte Löhne zu vereinbaren, sicherlich nicht erleichtert.[20] Oben wurde die Notwendigkeit einer wachstums-, investitions- und beschäftigungsorientierten Lohnfindung in den kommenden Jahren unterstrichen.

Der Staat könnte diesen Prozeß unterstützen, indem er durch eine Rückführung der Abgabenbelastung die Einkommens- und Kostensenkungsspielräume vergrößerte. Das Erfordernis einer relativen Lohnzurückhaltung im Sinne eines Anstiegs der Arbeitskosten unterhalb des Produktivitätsfortschritts könnte dann gleichwohl mit steigenden Nettoeinkommen der Arbeitnehmer einhergehen.

(2) Administrierte Preise und Lohnpolitik

Die Finanz- und Haushaltspolitiker sahen sich in einigen Ländern veranlaßt, in den letzten Jahren verstärkt Verbrauchsteuern zu erhöhen und an der öffentlichen Gebührenschraube zu drehen. Die Begehrlichkeit kommt nicht von ungefähr: Die Haushaltsdefizite haben sich rezessionsbedingt zuletzt stark erhöht. Da Einsparungen bei den Ausgaben politisch nur schwer durchzusetzen sind, geht man den vermeintlich leichteren Weg der Verbrauchsteuer- und Gebührenerhöhungen.[21] Im Rahmen des vom EGV verordneten finanzpolitischen Konsolidierungskurses während der nächsten Jahre mag diese Praxis EU-weit zunehmen. Entsprechend ist mit einem weiteren vom Staat initiierten Anstieg der administrierten Preise - und somit mit Realeinkommenseinbußen der Arbeitnehmer - zu rechnen. Dies ruft erfahrungsgemäß die Forderung nach entsprechend stärkeren Tarifsteigerungen bei Löhnen und Gehältern hervor.

Gesamtwirtschaftlich ist dies allerdings falsch. Denn es handelt sich hierbei um eine politisch gewollte Umverteilung der Einkommen zugunsten der öffentlichen Haushalte und zu Lasten von privaten Unternehmen und Arbeitnehmern. Versuchen die Gewerkschaften, die negativen Einkommenswirkungen höherer administrierter Preise auf die Unternehmen abzuwälzen, verschärfen sich die Verteilungskonflikte, und es droht die Gefahr einer Lohn-Preis-Spirale.

In zahlreichen Ländern haben sich die Arbeitnehmervertreter dieser Einsicht in der Praxis bislang verschlossen. Sie hielten sich an die einfache Formel, daß die Unternehmen für den jeweiligen Kaufkraftschwund - gleichgültig wie er zustande gekommen ist - aufzukommen haben. Vor dem Hintergrund der aktuellen Struktur- und Beschäftigungskrise kann dies aber kein brauchbares Rezept für die Zukunft sein.

Die Forderung nach einem Ausgleich administrierter Preissteigerungen paßt in keiner Weise zu einer auf Haushaltskonsolidierung und Preisstabilität ausgerichteten Finanz- und Geldpolitik in den Mitgliedstaaten. Toleriert die Geldpolitik ein Weiterwälzen der zusätzlichen Kostenbelastungen der Unternehmen auf die Preise, stellt sie das Stabilitätsziel in Frage. Verhindert sie dieses, riskiert sie umgekehrt eine Stabilisierungskrise und eine weitere Verschlechterung der finanziellen Lage der öffentlichen Haushalte.

Für die Finanzpolitik bedeutet dies: Aus lohnpolitischer Perspektive erweist sich die Erhöhung sowohl direkt am Faktor Arbeit ansetzender Abgaben als auch indirekter Steuern, Gebühren und administrierter Preise als problematisch. Um die Referenzwerte der EGV-Konvergenzkriterien zu erreichen, müssen gleichwohl die Defizite der öffentlichen Haushalte in den nächsten Jahren deutlich reduziert werden. Damit verbleibt letztlich nur der dornenreiche Weg der Konsolidierung über die Ausgabenseite der Staatsbudgets.

4. Der institutionelle Rahmen der Lohnfindung

Ob und wie effizient die hier skizzierten Leitgedanken einer beschäftigungsorientierten und auf internationale Wettbewerbsfähigkeit zielenden Lohnpolitik in die tarifpolitische Praxis umgesetzt werden können, hängt nicht zuletzt von institutionellen Aspekten der Lohnfindung ab. Sie unterscheiden sich zwischen den einzelnen EU-Mitgliedsländern zum Teil sehr deutlich. Es stellt sich daher die Frage, inwieweit diese institutionellen Rahmenbedingungen im Einzelfall die Ausgestaltung der Lohnpolitik beeinflussen oder ob umgekehrt die Durchführung der vorgeschlagenen Lohnpolitik institutionelle Veränderungen notwendig macht. Das gilt namentlich für Lohnindexierungen, die Beteiligung des Staates am Lohnfindungsprozeß sowie die Ebene und den Geltungsbereich von Tarifverhandlungen.[22]

4.1 Abstimmung von Lohn- und Preisentwicklung

Eine quasi-institutionelle Rahmenbedingung, die in manchen Ländern traditionell die Ausgestaltung der Lohnpolitik und den Spielraum für die Umsetzung der oben entwickelten Leitlinien beeinflußt, ist die Lohnindexierung, das heißt die automatische, vollständige oder partielle Anpassung der gesamtwirtschaftlichen Lohnentwicklung an die Inflation. Derartige Systeme spielen jedoch innerhalb der EU inzwischen nur noch in Belgien und Luxemburg sowie - für untere Lohngruppen - in Griechenland eine Rolle. In Italien wurde das langjährige System der partiellen Lohnindexierung ("scala mobile") 1992 endgültig abgeschafft, weil es sich als inflationstreibend erwiesen hatte.

Je stärker die Löhne indexiert sind, desto weniger müssen Gewerkschaften sich um ihr Ziel der Kaufkraftsicherung kümmern und desto mehr können sich Tarifverhandlungen auf die Entwicklung der realen Löhne konzentrieren. Dem stehen allerdings gewichtige Nachteile gegenüber:

- Die Rücksichtnahme auf günstigere Inflationsentwicklungen im Ausland und auf eine Verschlechterung der internationalen Wettbewerbsfähigkeit wird im Fall einer Indexierung wesentlich erschwert, sofern nicht - wie in Belgien - komplizierte Klauseln eingebaut werden.

- Eine Lohnindexierung schränkt die Flexibilität der Lohnstruktur sowie den Spielraum für eventuell erforderliche Reallohnsenkungen ein.

Vor allem auch die bisherigen internationalen Erfahrungen sprechen nicht dafür, im Hinblick auf die lohnpolitischen Erfordernisse in der EWU in den einzelnen Mitgliedsländern oder gar EU-weit verstärkt auf Lohnindexierungssysteme zurückzugreifen.

Anstelle einer automatischen Koppelung von Lohn- und Preisentwicklung wird in einigen Ländern der Union versucht, Lohnpolitik und Geldpolitik unter Stabilitätsgesichtspunkten ex ante zu koordinieren. Besonders ausgeprägt ist dies seit 1987 in Irland der Fall, wo mehrjährige formale Sozialpakte zwischen Regierung, Arbeitgebern und Gewerkschaften abgeschlossen wurden, in denen sich die Beteiligten auf ein bestimmtes Verhalten einschließlich begrenzter Lohnerhöhungen verpflichteten. Ähnliche Bestrebungen sind nach Abschaffung der "scala mobile" in Italien sowie in Spanien zu verzeichnen.

In Frankreich wurde in den achtziger Jahren mit gewissem Erfolg versucht, von Regierungsseite glaubwürdige und erreichbare Inflationsziele vorzugeben sowie Arbeitgeber und Gewerkschaften zu überzeugen, diese bei der Lohnfindung zu berücksichtigen.

Ähnliches gilt für die Bundesrepublik Deutschland, in der das Inflations- oder Geldmengenziel der unabhängigen Bundesbank sowie die erwartete Regierungspolitik und gesamtwirtschaftliche Entwicklung traditionell die öffentliche Diskussion und die Lohnfindung beeinflussen.[23]

Um das im EGV spezifizierte Ziel einer Rückführung der Inflationsrate zu erreichen, werden derartige ex ante-Koordinationen in Zukunft noch wichtiger. Entsprechend scheint ein ähnliches Prozedere auch auf EU-Ebene durchaus angebracht. Wenn die stabilitätsgerechte Koordination von Lohn- und Geldpolitik freiwillig und nicht - wie zum Beispiel in Irland - durch staatlichen Eingriff in die Tarifautonomie zustande kommen soll, hängt der Erfolg davon jedoch in entscheidendem Maße von der Glaubwürdigkeit des Inflationsziels und dem Vertrauen der Verhandlungsparteien in die Regierung oder Zentralbank ab. Darauf wurde bereits oben (siehe Seite 14 ff) ausführlich verwiesen.

4.2 Zentrale versus dezentrale Tarifverhandlungen

Ein weiterer wichtiger institutioneller Faktor in diesem Zusammenhang ist die Ebene, auf der Tarifverhandlungen durchgeführt werden. Dabei lassen sich grob drei Kategorien unterscheiden (Übersicht 2):

- zentrale, landesweite Verhandlungen auf überfachlicher Ebene,
- landesweite oder regionale Verhandlungen auf Branchenebene,
- Verhandlungen auf Unternehmens- oder Betriebsebene.

Zentralverhandlungen auf überfachlicher Ebene sind vor allem dort anzutreffen, wo es umfassend organisierte, zuverlässige Tarifparteien gibt, die die Einhaltung der Tarifverträge durch ihre Unterorganisationen garantieren können, und wo die Regierung traditionell in den Arbeitsbeziehungen mitmischt. Eine derartige gesamtwirtschaftliche Koordination der Tarifabschlüsse durch Gewerkschaften, Arbeitgeber und gegebenenfalls Staat wird besonders in Rezessionszeiten vielfach für hilfreich gehalten. Ein Vorteil zentralisierter Tarifverhandlungen mit großem Geltungsbereich besteht nämlich darin, daß die Beteiligten sich der volkswirtschaftlichen Auswirkungen ihres Verhaltens bewußt sind, da diese schnell auf sie und ihre Mitglieder zurückfallen.

Problematisch an Verhandlungen auf oberster Ebene sind jedoch die häufig zu beobachtende Zunahme der Eingriffe von seiten der Regierung sowie der Verlust an Praxisnähe und Differenzierungsmöglichkeiten. Daraus resultieren meist Forderungen nach branchen- oder unternehmensspezifischen Zuschlägen, die ein Nachverhandeln auf diesen Ebenen erforderlich machen. Dadurch kann sich eine beträchtliche Lohndrift ergeben, die in den Zentralverhandlungen idealerweise antizipiert werden müßte. Landesweit ausgehandelte Tarifabschlüsse dürfen also den gesamtwirtschaftlichen Verteilungsspielraum nur zum Teil ausschöpfen, um Platz für notwendige regionale, branchen- oder unternehmensspezifische Differenzierungen durch Zuschläge zu lassen.

Dies ist besonders dann schwierig, wenn - wie für die neunziger Jahre in der EWU zu erwarten - der reale Verteilungsspielraum gering ausfällt und die Inflationsrate niedrig ist. Die Antizipation von Folgeverhandlun-

Übersicht 2

Tarifverhandlungsebenen im internationalen Vergleich

Land	Zentrale überfachliche Ebene	Branchenebene (landesweit oder regional)	Unternehmens- oder Betriebsebene
Belgien	Festlegung von Mindesteinkommen, Lohnindexierung	wichtigste Verhandlungsebene	ergänzend
Dänemark	früher von größerer Bedeutung	wichtigste Verhandlungsebene	ergänzend
Deutschland		wichtigste Verhandlungsebene	
Frankreich		Verhandlungen über Tarif-(mindest)löhne, Eingruppierung und Berufsbildung	Vereinbarung der Effektivlöhne
Griechenland	Regelung allgemeiner Arbeitsbedingungen, Mindestlöhne	wichtigste Verhandlungsebene	ersatzweise
Großbritannien		abnehmende Bedeutung	zunehmende Bedeutung
Irland	wichtigste Verhandlungs-ebene, Abschluß von Sozialpakten	kaum von Bedeutung	Umsetzung und Ergänzung nationaler Rahmenabkommen; zeitweise (1982-87) auch vorherrschende Verhandlungsebene
Italien	(Festlegung der Lohnindexierung bis 1992)	wichtigste Verhandlungsebene	ergänzend
Luxemburg	Lohnindexierung	für einige Branchen von Bedeutung	wichtigste Verhandlungsebene
Niederlande		wichtigste Verhandlungsebene	zunehmende Bedeutung
Portugal	Abschluß von Sozialpakten	wichtigste Verhandlungsebene	ergänzend
Spanien	Abschluß von Sozialpakten	wichtigste Verhandlungsebene	ergänzend
Japan			wichtigste Verhandlungsebene, aber übergeordnete Koordination
USA			wichtigste Verhandlungsebene

gen müßte nämlich dann eigentlich dazu führen, daß auf der Zentralebene die Gewerkschaften auf Erhöhungen der Nominallöhne verzichten.

Landesweite Verhandlungen auf überfachlicher Ebene zwischen den Spitzenorganisationen der Arbeitgeber und Arbeitnehmer mit ergänzenden Verhandlungen auf niederer Ebene haben vor allem in Nordeuropa Tradition. In den siebziger und achtziger Jahren betrug der Anteil der Lohndrift an den Effektivlohnerhöhungen dort zwischen 30 Prozent (in Finnland) und 60 Prozent (in Norwegen) (Flanagan, 1990). In den letzten Jahren sind allerdings Schweden und Dänemark zunehmend von diesem System abgegangen. Wie Übersicht 2 zeigt, ist die zentrale überfachliche Ebene innerhalb der EU nur noch in Irland von größerer Bedeutung für die Lohnfindung. Dort wurde im letzten Sozialpakt die durchschnittliche Höhe der zulässigen Tariflohnsteigerung festgeschrieben und zugleich ein gewisser Spielraum für Lohndrift gelassen. Zwar werden auch in anderen EU-Ländern auf zentraler Ebene bestimmte Vereinbarungen (zum Beispiel über Mindesteinkommen, Lohnindexierung) getroffen, doch handelt es sich dabei nicht um Tarifverhandlungen im üblichen Sinne.

In der Mehrzahl der EU-Länder spielen Tarifverhandlungen auf Branchenebene eine dominierende Rolle. Dabei wird meist, wie beispielsweise in Italien und den Niederlanden, landesweit für alle Beschäftigten einer Branche verhandelt. Möglich sind auch regionale Verhandlungen auf Branchenebene wie in Deutschland, wo jedoch die Regionalverhandlungen üblicherweise bundesweit koordiniert werden.

Verhandlungen auf übergeordneter Branchenebene - wie auch gesamtwirtschaftliche Zentralverhandlungen - verhindern, daß die Unternehmensbelegschaften sofort in jede Tarifauseinandersetzung hineingezogen werden und daß darunter das Betriebsklima (und damit die Produktivität) leidet. Die Branchenebene hat gegenüber der überfachlichen Ebene den Vorteil, daß die wirtschaftliche Situation der Branche in den Tarifabschlüssen besser berücksichtigt werden kann. Dies gilt allerdings nur, wenn die einzelnen Branchen autonom verhandeln und sich in der Praxis nicht an Pilotabschlüssen in Schlüsselsektoren orientieren.

Branchenweite Verhandlungen setzen eine straffe Organisation der Tarifpartner (oder entsprechende gesetzliche Vorschriften) voraus, damit die ausgehandelten Vereinbarungen auch auf der Ebene der Unternehmen oder Mitglieder akzeptiert werden. Besonders auf Arbeitgeberseite kann es jedoch leicht zu Interessenkollisionen kommen zwischen finanzschwachen Unternehmen, denen der Lohnabschluß zu hoch ist, und finanzkräftigen Unternehmen, die wegen eines niedrigeren Abschlusses keinen Streik in Kauf nehmen wollen. Im Idealfall sollten auch auf Branchenebene nur tarifliche Mindestlöhne vereinbart werden, die noch Spielraum für eventuell erforderliche regionale oder betriebliche Differenzierungen lassen.

Tarifverhandlungen auf Unternehmensebene sind in jenen Ländern üblich, wo - wie etwa in den USA - übergeordnete Organisationen und Koordinationen der Tarifvertragsparteien keine große Rolle spielen. Auch in Japan gibt es Firmenverhandlungen, doch werden sie dort im Rahmen der "Frühjahrsoffensive" (Shunto) auf übergeordneter Ebene koordiniert. In der EU sind reine Firmenverhandlungen eher von untergeordneter Bedeutung. Man findet sie derzeit in Luxemburg (wo allerdings zum Teil auch für Gruppen von Unternehmen oder branchenweit verhandelt wird) sowie zunehmend in Großbritannien und den Niederlanden. In einigen Ländern dienen betriebliche Verhandlungen der Ergänzung oder Umsetzung branchenweiter Vereinbarungen. Dies gilt unter anderem für Belgien, Italien und Frankreich sowie für Spanien, wo jedoch einige Großunternehmen ausschließlich auf Unternehmensebene verhandeln.

Betriebsnahe Tarifverhandlungen erlauben theoretisch eine genauere und flexible Orientierung an der wirtschaftlichen Lage und Leistungsfähigkeit der einzelnen Unternehmen. Regionale und betriebliche Anforderungen können berücksichtigt werden. Es ergibt sich eine differenzierte Lohnstruktur, und gesamtwirtschaftliche Beschränkungen finden über den Wettbewerb auf Güter- und Arbeitsmärkten Berücksichtigung. Zudem besteht für die Arbeitnehmer ein größerer Anreiz, bei Maßnahmen zur Produktivitätssteigerung (wie zum Beispiel Einführung neuer Technologien) zu kooperieren, da sie davon bei betriebsspezifischen Verhandlungen direkt profitieren können. In der Praxis (beispielsweise in den USA) sind jedoch Interdependenzen zwischen den Abschlüssen in verschiedenen Unternehmen einer Branche zu beobachten. Wenn die Beschäftigten sich bei ihren Forderungen nicht nur an der Situation ihres Betriebes, sondern auch an den Verdiensten in anderen Betrieben orientieren[24], kann es leicht zu einem gegenseitigen Aufschaukeln der Lohnforderungen kommen. Wenn zudem noch auf Firmenebene die Arbeitnehmerschaft in einer besseren Machtposition ist als die zersplitterte Arbeitgeberseite, sind überhöhte Lohnabschlüsse nicht auszuschließen. Insgesamt wird es schwieriger, die gesamtwirtschaftliche Lohnentwicklung im Griff zu behalten. Mit der Verlagerung der Abschlußebene verlagert sich auch die Konfliktebene auf das Unternehmen, was das Betriebsklima beeinträchtigen kann.

Der Vergleich der unterschiedlichen Tarifverhandlungssysteme macht deutlich, daß jede Ebene ihre eigenen Vor- und Nachteile hat. In manchen Ländern werden die verschiedenen Ebenen und ihre Vorzüge kombiniert, indem übergeordnete Vereinbarungen durch spezifische Folgeverhandlungen auf der nächstniedrigeren Ebene ergänzt werden. Eine andere Möglichkeit ist die Verlagerung der Verhandlungen auf eine niedrigere Ebene, falls es auf der traditionellen übergeordneten Ebene zu keiner Einigung kommt. Im Laufe der letzten zehn Jahre hat sich in der EU - mit Ausnahme Irlands - eine leichte Tendenz zur Dezentralisierung der Tarifverhandlungen gezeigt, die besonders deutlich in Dänemark und Großbritannien zum Ausdruck kommt. Im internationalen Vergleich liegen die EU-Länder eher in der Mitte eines Spektrums, das von den stark zentralisierten und koordinierten Tarifverhandlungen in Norwegen und Österreich bis zu den reinen Firmenverhandlungen in den USA und Kanada reicht.

4.3 Gibt es ein optimales Lohnfindungssystem?

Eine angesichts der unterschiedlichen Ausgestaltung der Tarifverhandlungssysteme sich aufdrängende, aber schwer zu beantwortende Frage ist, ob eines dieser Systeme insgesamt für die Umsetzung einer stabilitätsgerechten Lohnpolitik und die Erzielung makroökonomischer Erfolge besser geeignet ist als alle anderen und daher vor dem Hintergrund der EWU besonders effizient erscheint. In der ökonomischen, soziologischen und politologischen Literatur über Korporatismus und Zentralisierung[25] finden sich dazu ganz unterschiedliche Thesen:

Abbildung 6

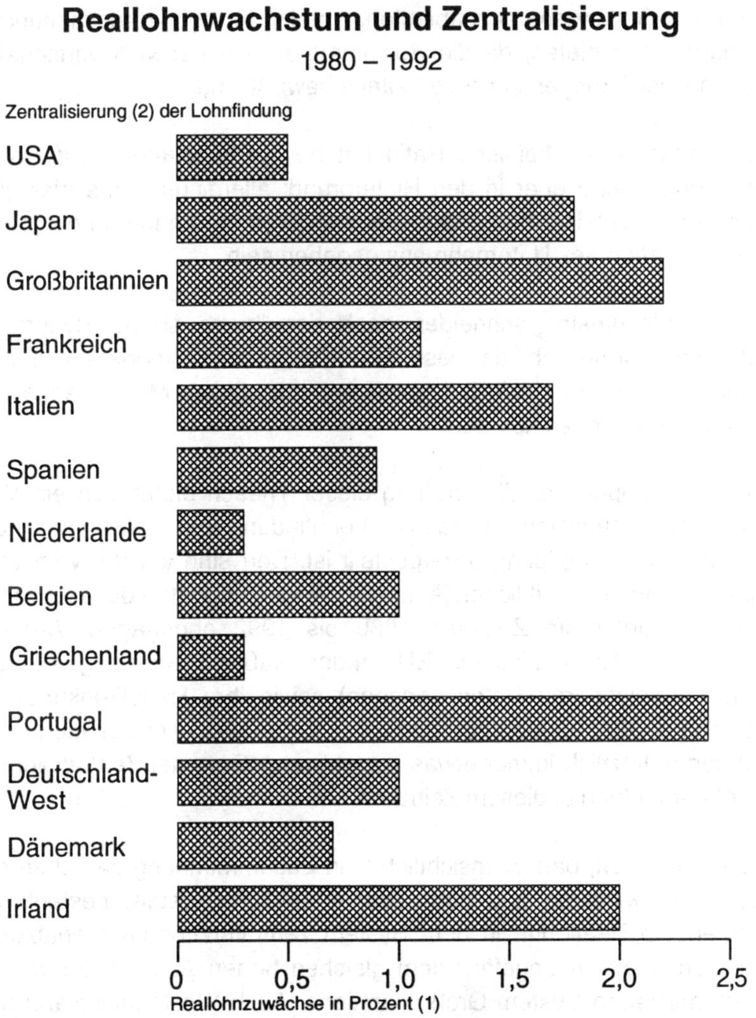

(1) Durchschnittliche jährliche Wachstumsrate des Reallohns je Beschäftigten (deflationiert mit dem Konsumentenpreisindex) im Zeitraum 1980 bis 1992

(2) Länder geordnet nach dem Zentralierungsgrad der Lohnfindung im Untersuchungszeitraum; eigene Einschätzung

Quelle: EG-Kommission; eigene Berechnungen und Einschätzungen

- So wird beispielsweise vermutet, daß sozialpartnerschaftliche Systeme, in denen Tarifverhandlungen weitgehend zentralisiert und mit großem Geltungsbereich ablaufen, Anreize für Lohnzurückhaltung in Krisenzeiten bieten, da die Sozialpartner sich der volkswirtschaftlichen Auswirkungen ihres Verhaltens bewußt sind.

- Die gesamtwirtschaftliche Ratio tritt bei Verhandlungen auf Unternehmensebene eher in den Hintergrund; allerdings dürfte hier eine größere Flexibilität und Anpassungsfähigkeit der Löhne an die jeweilige Situation des Unternehmens gegeben sein.

- Am schlechtesten schneiden nach der "hump shape"-Hypothese Zwischenformen ab, da diese weder die Vorteile kooperativen Verhaltens noch die Flexibilitätsgewinne einer starken Marktorientierung für sich verbuchen könnten.

Als grobe empirische Überprüfung dieser Thesen bietet sich ein Vergleich von Zentralisierungsgrad der Lohnfindung und Reallohnzuwächsen an, der in Abbildung 6 dargestellt ist. Dort sind auf der vertikalen Achse die durchschnittlichen jährlichen Wachstumsraten des Reallohns je Beschäftigten im Zeitraum 1980 bis 1992 abgetragen. Auf der horizontalen Achse sind die EU-Länder (außer Luxemburg, für das keine vergleichbaren Daten vorlagen) sowie ihre Hauptkonkurrenten Japan und USA angeordnet, und zwar nach dem - schwer meßbaren und darum letztlich immer etwas subjektiven - Grad der Zentralisierung ihrer Lohnfindung in diesem Zeitraum.

Dabei zeigt sich, daß offensichtlich kein Zusammenhang zwischen der Reallohnentwicklung und dem Tarifverhandlungssystem besteht: So nahmen die Reallöhne in dem System zentraler Lohnrahmenabkommen von Irland in ungefähr dem gleichen hohen Ausmaß zu wie im dezentralisierten System Großbritanniens. Auch Westdeutschland und Frankreich weisen trotz unterschiedlicher Lohnfindungssysteme ungefähr die gleichen Reallohnzuwächse auf. Dieser optische Eindruck wird durch Rangkorrelationsrechnungen gestützt: Zwischen Reallohnentwicklung und Zentralisierungsgrad besteht im Zeitraum 1980 bis 1992 kein statistisch signifikanter positiver oder negativer Zusammenhang, und auch die These eines schlechteren Abschneidens von Ländern mit mittlerem Zentralisierungsgrad findet keine empirische Bestätigung. An dieser Erkenntnis ändert sich nichts, wenn man aufgrund anderer Einschätzungen die Rangfolge der Länder leicht verändert oder wenn man - unter dem Aspekt der internationalen Wettbewerbsfähigkeit - statt der Reallohnentwicklung die Entwicklung der nominalen Lohnstückkosten in US-Dollar vergleicht.

Dieses Ergebnis wird bestätigt durch eine umfangreichere Rangkorrelationsanalyse von 16 OECD-Ländern - davon sieben aus der EU - im Zeitraum 1971 bis 1990, die ein breiteres Spektrum von Lohnfindungssystemen berücksichtigte (Schnabel, 1993): Weder der mit dem Index von Calmfors/Driffill (1988) gemessene Zentralisierungsgrad noch die Korporatismus-Rangfolge von Bruno/Sachs (1985) stehen in einem statistisch signifikanten Zusammenhang mit der Reallohnentwicklung. Korporatismus und Zentralisierung gehen jedoch mit geringeren Streikaktivitäten und niedrigeren Arbeitslosenquoten einher (vgl. auch Layard/Nickell/Jackman, 1991), während das reale Wirtschaftswachstum in Ländern mit dezentralisierter Lohnfindung tendenziell höher ausfällt. Allerdings sind die Ergebnisse derartiger Studien keineswegs einheitlich und zum Teil wohl von den verwendeten Methoden und Rangfolgen sowie vom Untersuchungszeitraum abhängig.

Für die hier interessierende Fragestellung einer stabilitätsgerechten Lohnpolitik kann aus derartigen Studien und den obigen Überlegungen jedoch der Schluß gezogen werden, daß keines der dargestellten Tarifverhandlungssysteme sich als optimal und damit als Modell für andere Länder erwiesen hat.[26] Auch erscheint es kaum möglich, ein optimales Lohnfindungssystem zu entwerfen, das die Vorteile verschiedener existierender Systeme kombiniert und zugleich deren Nachteile minimiert.

Die Angemessenheit eines Lohnfindungssystems und einer Verhandlungsebene hängt - abgesehen von gesetzlichen Vorschriften - stark vom jeweiligen landesspezifischen Hintergrund, von der Struktur, Koordination und Stärke der Tarifparteien, dem Kooperations- oder Konfrontationskurs der Gewerkschaften und der jeweiligen Wirtschaftslage ab. Da sich diese Faktoren von Land zu Land deutlich unterscheiden, ist eine Vereinheitlichung der in den einzelnen Ländern existierenden

Lohnfindungssysteme weder zu erwarten, noch wäre dies angebracht. Solange nicht die Überlegenheit und universelle Anwendbarkeit eines bestimmten Systems zweifelsfrei nachgewiesen ist, gibt es selbst in einer Währungsunion keinen zwingenden Grund für EU-weite Harmonisierungsbemühungen auf diesem Gebiet.

Wenn man sinnvollerweise auf EU-Eingriffe in die landesspezifischen Lohnfindungssysteme verzichtet, wird in stark koordinierten, zentralisierten Lohnfindungssystemen weiterhin versucht werden, die Einhaltung gesamtwirtschaftlicher Erfordernisse durch Abschluß von Tarifverträgen mit großem Geltungsbereich zu gewährleisten. Allerdings darf bei derartigen großflächigen Vereinbarungen der Spielraum für Lohnerhöhungen nicht voll ausgeschöpft werden, um noch Platz zu lassen für erforderliche regionale und betriebliche Differenzierungen. Systeme mit einer betriebsnahen Tarifpolitik, in denen die Akteure gesamtwirtschaftliche Erfordernisse leicht vernachlässigen, müssen dagegen lernen, daß ein Überschreiten des akzeptablen Lohnerhöhungsspielraums sich unweigerlich in einer Verringerung der internationalen Wettbewerbsfähigkeit niederschlägt. In jedem System ließen sich die Flexibilität und Differenzierungsmöglichkeit der Lohnfindung durch eine zumindest teilweise ertragsabhängige Entlohnung verbessern, wie sie oben (Abschnitt 3.4) bereits angesprochen worden ist.

4.4 Zur Frage EU-weiter Tarifverhandlungen

Eine verwandte Frage ist, ob in der EWU ein Bedarf an tarifpolitischer Zentralisierung in dem Sinn besteht, daß der Lohnfindungsprozeß verstärkt auf supranationaler Ebene stattfindet. Vielfach wird etwa argumentiert, auf Dauer könne nicht die Geld- und Währungspolitik als einziger wirtschaftspolitischer Teilbereich von der nationalen Ebene auf die der Union transferiert werden. Entweder sei unter diesen Umständen die EWU letztlich nicht funktionsfähig, oder sonstige wichtige Felder der Wirtschaftspolitik - wie namentlich die Finanz- und die Lohnpolitik - müßten ebenfalls verstärkt auf der EU-Ebene betrieben werden.

Speziell im Hinblick auf die Lohnpolitik läßt sich diese Zentralisierungsthese etwa mit den Erfordernissen des makroökonomischen Konvergenzprozesses begründen. Danach könnten zumindest lohnpolitische Rahmenvereinbarungen zwischen den Tarifparteien auf EU-Ebene für ein Höchstmaß an interner Konsistenz der Wirtschaftspolitik sorgen und dazu beitragen, alle Mitglieder in den in der EWU erforderlichen lohnpolitischen Restriktionskurs einzubinden.

Soweit es den sozialen Dialog betrifft, den die europäischen Organisationen der Sozialpartner auf Gemeinschaftsebene seit vielen Jahren - teilweise unter Einbeziehung der Europäischen Kommission - erfolgreich praktizieren, hat die supranationale Ebene sicher eine Berechtigung. Der soziale Dialog sollte nicht nur beibehalten, sondern könnte - wie es der EGV vorsieht - sogar ausgebaut werden. Denn er ermöglicht einen kontinuierlichen Austausch von Informationen und Meinungen, was das Verständnis der Sozialpartner untereinander fördert und beiden Seiten die Möglichkeit gibt, ihre Ansichten gegenüber der Europäischen Kommission angemessen zu artikulieren.

Anders ist das Zentralisierungsargument zu beurteilen, wenn es um Tarifverhandlungen zur Festlegung des Lohnniveaus geht. Es gibt keine ökonomisch überzeugenden Gründe, den Lohnfindungsprozeß in der EWU auf die EU-Ebene zu verlagern. Im Gegenteil: EU-weite Lohnabschlüsse könnten den sehr unterschiedlichen Bedingungen und Entwicklungen in den einzelnen Mitgliedstaaten nicht angemessen Rechnung tragen und würden damit etwa eine stärkere Produktivitätsorientierung unmöglich machen. In einer Zeit, in der die meisten Mitgliedsländer durch eine stärkere Dezentralisierung der Tarifverhandlungen die Flexibilität der Löhne und des Arbeitsmarkts zu erhöhen versuchen, sind Forderungen nach einer Zentralisierung des Tarifgeschehens in der EU offensichtlich ein Schritt in die falsche Richtung. Zudem haben bisher weder die branchenübergreifenden noch die branchenspezifischen Spitzenverbände beider Tarifparteien in der EU ein Mandat für derartige Verhandlungen, und die Durchsetzung eventueller Verträge wäre unter den derzeitigen juristischen Bedingungen in der Union nicht gesichert.

Daß auch die Einführung einer Währungsunion keine zentralen allgemeingültigen Tarifverhandlungen bedingt, zeigt das Beispiel der Bundesrepublik: Hier wird für die alten und die neuen Bundesländer getrennt verhandelt, um bei den Abschlüssen deren unterschiedliche Leistungsfähigkeit besser berücksichtigen zu können. Auch die Erfahrungen europaweit tätiger transnationaler Unternehmen sprechen gegen EU-weite Tarifregelungen: Obwohl derartige Unternehmen oft relativ homogen strukturiert sind und manche Unternehmen bereits europäische Gesamtbetriebsräte eingerichtet haben, wird die Entlohnung üblicherweise nicht europaweit ausgehandelt, um der unterschiedlichen Produktivität in den einzelnen Standorten und deren länderspezifischen Gegebenheiten Rechnung tragen zu können.

Neben diesen Beispielen lassen auch die äußerst heterogenen Interessen und die wenig handlungsfähigen Organisationsstrukturen beider Tarifparteien auf europäischer Ebene vermuten, daß EU-weite Tarifverhandlungen in absehbarer Zeit die Ausnahme bleiben werden.

Vor allem den durch ein ganz unterschiedliches Selbstverständnis und stark differierende Organisationsgrade gekennzeichneten Gewerkschaften fällt auf EU-Ebene die Bildung eines tarifpolitischen Machtkartells erheblich schwerer als auf nationaler Ebene.

Dies ist kein Nachteil. Es erhöht vielmehr die Chancen für eine strikt an der volkswirtschaftlichen Leistungsfähigkeit orientierte Lohnpolitik und ist damit aus ökonomischer Sicht positiv zu bewerten. Für Sievert (1993, 18) wird gerade durch die Unmöglichkeit zentralisierter Tarifverhandlungen in der EU die EWU zu einem "optimalen Währungsraum" - definiert als ein Raum, "der nennenswert größer, möglichst mehrfach größer ist als der Raum, für den sich ein wirksames Lohnkartell etablieren ließe".

5. Flankierung durch eine beschäftigungsfreundliche Arbeitsmarktverfassung

Selbst eine - im oben skizzierten Sinn - noch so moderate und den von der EWU vorgegebenen makroökonomischen Ordnungsrahmen achtende Lohnpolitik stößt an beschäftigungspolitische Grenzen. Mit maßvollen jährlichen Tarifabschlüssen allein dürfte der für den Rest der neunziger Jahre EU-weit zu befürchtende Anstieg der Arbeitslosigkeit nicht zu beseitigen sein. Das gilt vor allem angesichts des Umfangs struktureller Beschäftigungsprobleme in Europa, die in hoher Sockel- und Langzeitarbeitslosigkeit zum Ausdruck kommen. Diese Strukturprobleme hängen allem Anschein nach auch mit den institutionellen Rahmendaten des Arbeitsmarkts zusammen, die im folgenden unter dem Stichwort der Arbeitsmarktverfassung diskutiert werden sollen.

Strukturelle Reformen in diesem Bereich erscheinen unumgänglich, um die beschäftigungspolitische Wirksamkeit der Tarifpolitik zu erhöhen. Mehr noch: Von der existierenden Arbeitsmarktverfassung gehen negative Anreize auf die Tarifpolitik aus, die eine Rückkehr zur Vollbeschäftigung erschweren. Dabei geht es vor allem um die Frage, ob und inwiefern die an der Lohnfindung beteiligten Parteien durch einzelne Regulierungen entdiszipliniert werden - mit dem Ergebnis, daß sich die (Wieder-) Beschäftigungschancen von Arbeitsuchenden systematisch zugunsten der Situation der Arbeitsplatzbesitzer verschlechtern.

Angesichts einer historisch niedrigen Wiederbeschäftigungsquote der Arbeitslosen scheint dies ein zentraler Sachverhalt zu sein: EU-weit fanden zuletzt nur noch 30 Prozent der Arbeitslosen binnen eines Jahres nach ihrer Arbeitslosmeldung wieder eine neue Beschäftigung (OECD, 1993a, 27).

Zu prüfen ist besonders, ob Regulierungen einzel- wie gesamtwirtschaftlich zu einer Abweichung der Entlohnung von der Produktivitätslinie (Wertgrenzprodukt gleich Reallohn) führen und sich infolgedessen Arbeitgeber und Arbeitnehmer durch Wettbewerbsausschluß Quasi-Renten aneignen können. Dahinter steht die Überlegung, daß diese Nicht-Leistungseinkommen von all jenen aufgebracht werden müssen, die unterhalb ihres Grenzprodukts entlohnt werden oder gar keine Lohneinkommen beziehen können, weil sie aufgrund einer regulierungsbedingt marktzutrittsverhindernden Lohnpolitik nicht erwerbstätig werden können.

Zur Debatte steht damit, inwieweit das gesamte flankierende individual- und kollektivrechtliche Umfeld des Arbeitsmarktes zur Entstehung und Verfestigung eines Insider-Outsider-Problems beiträgt und über die Einengung des Spielraums für wettbewerbliche Sanktionen am Arbeitsmarkt mittelbare, aber keinesfalls vernachlässigbare Auswirkungen auf Entlohnung, Arbeitsproduktivität und Beschäftigung hat.

5.1 Abbau beschäftigungsfixer Kosten

Die Arbeitsmarktverfassung wirkt über verschiedene Kanäle auf die Kosten des Beschäftigungswechsels in einer Volkswirtschaft ein. Dabei sorgen vor allem die dem Gedanken des Bestandsschutzes verpflichteten Regulierungen in vielfältiger Weise für Fixkosten eines Beschäftigungsverhältnisses. Diese beschäftigungsfixen Kosten machen den Faktor Arbeit hinsichtlich der Arbeitskosten mehr oder weniger zu einem quasi-fixen Produktionsfaktor (Oi, 1962).

Weil aber die regionale, sektorale und qualifikatorische Reallokation des Faktors Arbeit ihrerseits ein wesentlicher Bestimmungsgrund für die gesamtwirtschaftliche Arbeitsproduktivität und die nachgefragte Beschäftigungsmenge ist, beeinflußt die Höhe der für das Unternehmen mit einem Beschäftigungswechsel verbundenen Transaktionskosten auch das Beschäftigungsniveau selbst.

Unterscheidet man bei den Transaktionskosten aus der Sicht der arbeitnachfragenden Unternehmen Kosten der Aufnahme und Kosten der Beendigung eines Beschäftigungsverhältnisses, so sind zumindest folgende Auswirkungen der Arbeitsmarktverfassung auf die Fixkostenblöcke zu berücksichtigen:

(1) Individualrechtliche Trennungskosten

Von großer Bedeutung für die Einstellung sind die mit einer Beschäftigungsaufnahme verbundenen potentiellen Trennungskosten. Die Transaktionskosten der Beendigung eines Beschäftigungsverhältnisses sind dabei sowohl individual- wie auch kollektivrechtlicher Natur. Individualrechtlich regeln in Europa Kündigungsschutzbestimmungen in vielfältigen Varianten die Bedingungen für eine ordentliche Kündigung von Arbeitnehmern (Kronke, 1990, 206 ff.). Neben dem allgemeinen Kündigungsschutz gibt es einen besonderen Kündigungsschutz für besondere Zielgruppen, beispielsweise für ältere Arbeitnehmer.

Was die obligatorische inhaltliche Prüfung der sachlichen Gründe bei Kündigungen anbelangt, scheint der Kündigungsschutz in der Bundesrepublik besonders weit ausgebaut zu sein (Kronke, 1990, 282). Ein Grund hierfür wird in der normierenden Wirkung des Richterrechts gesehen, dem außer in der Bundesrepublik auch in England und Italien eine stärkere Bedeutung zukommt als in anderen EU-Staaten (Hardes, 1993, 94). Die Deregulierungskommission der Bundesregierung spricht sogar davon, daß sich der Kündigungsschutz in der Bundesrepublik durch die richterrechtliche Praxis inzwischen zu einem reinen Abfindungshandel entwickelt habe (Deregulierungskommission, 1991, Ziff. 607).[27]

Kündigungsschutzbestimmungen dienen mithin ihrem Wesen nach dem Bestandsschutz. Die aus diesem Grund gezahlten Abfindungen wirken jedoch im Ergebnis wie eine Marktzutrittsabgabe für diejenigen, deren zukünftige Beschäftigungsaussichten sich durch die alternative Verwendung der in Form einer Abfindung gebundenen Unternehmensressourcen verschlechtert haben. Die Marktzutrittsabgabe fällt dabei um so höher aus, je komfortabler der Bestandsschutz für die Beschäftigten ist. Je größer ihrerseits die Marktzutrittsabgabe ist, um so vorzugswürdiger ist für das Unternehmen das Festhalten an den bereits Beschäftigten und der Verzicht auf Neueinstellungen (Dichmann, 1992, 217 ff.). Auf diese Weise regiert der Marktaustritt den Markteintritt.

Individualrechtlich vereinbarte Transaktionskosten des Beschäftigungswechsels machen mithin einen Kern der Insider-Outsider-Problematik aus: Arbeitsmarktinsider verfügen wegen dieser Transaktionskosten über Marktmacht, die sie in eine Insiderrente umsetzen können, die dem Produkt aus Beschäftigungsmenge und der Differenz zwischen dem (aus der Sicht des Arbeitnachfragers) maximalen Insiderlohn und dem (aus der Sicht des Arbeitanbieters) minimalen Outsiderlohn entspricht. Die Existenz von "turnover costs" kann damit unfreiwillige Arbeitslosigkeit hervorrufen: Arbeitslose könnten sich selbst durch Lohnforderungen, die deutlich unter denen der Beschäftigten liegen, nicht in den Arbeitsmarkt hineinkonkurrieren ("pricing in"), weil für die Unternehmen infolge der Transaktionskosten des Beschäftigungswechsels die Weiterbeschäftigung zu den herrschenden Löhnen immer noch günstiger ist als eine Arbeitskräfte-Reallokation.

Diese Zusammenhänge gelten besonders für die Problemgruppe der Langzeitarbeitslosen. OECD-Daten zeigen einen positiven Zusammenhang zwischen der Höchstbezugsdauer von Abfindungszahlungen und dem Anteil der Langzeitarbeitslosen an der gesamten Arbeitslosigkeit (OECD, 1993a, 102). Überdies werden gerade Langzeitarbeitslosen Lohnzugeständnisse, die bei dieser besonderen Problemgruppe wegen der Humankapitalentwertung und infolge von Hysteresis-Effekten auch produktivitätstheoretisch gerechtfertigt werden können, mit Verweis auf das Prinzip "gleicher Lohn für gleiche Arbeit" in aller Regel verwehrt.

Gleichzeitig wird jedoch mit zahlreichen Sonderprogrammen auf der Basis von Lohnkostenzuschüssen für Unternehmen versucht, die Wiedereinstellung von Langzeitarbeitslosen zu fördern. Ursachengerechter als Lohnsubventionen wären jedoch eine stärker wiederbeschäftigungsorientierte Kündigungsschutzpraxis und/oder spezielle Einstiegstarife für Langzeitarbeitslose. Dies sind Beispiele dafür, wie die Regulierungspolitik vorrangig auf die Erleichterung des Wiedereinstiegs in den Arbeitsmarkt verpflichtet werden könnte.

(2) Kollektivrechtliche Trennungkosten

Zusätzlich zu individualrechtlichen Bestandsschutzelementen kennen die europäischen Volkswirtschaften kollektivrechtliche Regelungen für den Fall von Entlassungen. Diese regeln neben der Zahlung von Abfindungen bei Massenentlassungen auch die Gewährung von mobilitätsfördernden Umzugs- und Umschulungsleistungen (Kronke, 1990).

In der Bundesrepublik ist die kollektivrechtliche Regulierung der Entlassung sogar zu einem eigenständigen Sozialplangesetz verdichtet worden, das für Unternehmen mit mehr als zwanzig Beschäftigten gilt.[28] Die deutsche Sozialplanpraxis zeichnet sich dabei - besonders gemessen an der engen Zusammenarbeit zwischen der Arbeitsverwaltung und Arbeitgebern im Falle von Entlassungen in Frankreich - durch eine ausgeprägte Auflagenfreiheit aus:

Sozialpläne werden in der Regel nicht an die Einleitung von Maßnahmen gebunden, die die regionale oder qualifikatorische Mobilität der Entlassenen erhöhen und damit deren objektive Vermittlungsaussichten verbessern. Sozialpläne dienen damit keineswegs der Abdeckung von Mobilitätskosten, sondern vielmehr dem Ausgleich (finanzieller) wirtschaftlicher Nachteile im Fall der Entlassung.

Generell dürfte aber gelten: Je größer der Anteil einkommenssichernder Abfindungsbestandteile am gesamten Abfindungsbetrag ist, um so geringer ist auch der Anreiz zur beruflichen Mobilität für die betreffenden Arbeitnehmer. Im Hinblick auf die individuellen Arbeitsmarktchancen muß dies als kontraproduktiv eingeschätzt werden. Eine Sozialplanpraxis, die nicht auf Wiederbeschäftigungschancen achtet, stellt daher einen Fixkostenblock für Unternehmen dar, der den Noch-Insidern zugute kommt, aber unter Umständen deren längerfristigen Outsider-Status anbahnt.

Werden Sozialpläne ohne beschäftigungsfördernde Auflagen gewährt, so binden sie volks- wie betriebswirtschaftlich Ressourcen, denen kein arbeitsmarktpolitischer Ertrag gegenübersteht. Sie wirken daher per saldo konsumtiv und erlauben in ausgeprägtem Maße Mitnahmeeffekte. Da zudem die Höhe der Sozialplanleistungen - zumindest in der Bundesrepublik - senioritätsabhängig ist, das heißt mit zunehmendem Alter steigt, wirkt die Sozialplanpraxis überdies als eine besondere Marktzutrittsabgabe für entlassene ältere Arbeitnehmer.

(3) Personalzusatzkosten

Während die mit einem neuen Beschäftigungsverhältnis verbundenen potentiellen Trennungskosten die Einstellungsentscheidung nur auf der Basis von Erwartungswerten beeinflussen, sind die Personalzusatzkosten zwar schon zum Zeitpunkt der Beschäftigungsaufnahme mit ihrem Gegenwartswert kalkulierbar. Unter Allokationsgesichtspunkten scheint jedoch der Fixkostencharakter des "zweiten Lohns" maßgeblich zur beeinträchtigten Flexibilität des Arbeitseinsatzes beizutragen. Diese verminderte Flexibilität führt zwar zu einer größeren Stabilität der Beschäftigungsverhältnisse im Konjunkturzyklus, doch über den gesamten Konjunkturzyklus hinweg kostet sie Arbeitsplätze (Hart, 1984, 166).

Ein internationaler Längsschnittvergleich für den Zeitraum 1970 bis 1992 zeigt, daß die Personalzusatzkosten ohne Ausnahme weitaus stärker gestiegen sind als die Direktentlohnung und zum Teil auch stärker als die Produktivität, so daß die Fixkostenanteile an den gesamten Arbeitskosten tendenziell deutlich zugenommen haben (Salowsky, 1993). Die in Höhe der Personalzusatzkosten bestehende und in der Vergangenheit größer gewordene Lücke zwischen "Arbeitgeberlohn" und "Arbeitnehmerlohn" kann dabei in mehrerer Hinsicht negative Auswirkungen auf die Arbeitskräftenachfrage haben:

- Wenn Zusatzkosten Fixkostencharakter haben und der Lohnentwicklung entweder gar nicht (zum Beispiel Unfallversicherungen) oder nur zeitverzögert (zum Beispiel Altersversorgung) folgen, so entzieht dieser Fixkostenblock einen erheblichen Teil der Arbeitskosten einer kurzfristigen Anpassung an Produktions- und betriebliche Erlösveränderungen. Dies erhöht den Druck zur Anpassung der Beschäftigungsmenge im Wege einer vorsichtigeren Einstellungspolitik.

- Wenn ehemals freiwillige Leistungen der Betriebe im Laufe der Rechtsentwicklung zum allgemeinen gesetzlichen Standard erhoben (Urlaub, betriebliche Altersversorgung) und damit irreversibel gemacht werden, büßen auch die freiwilligen, tariflich oder betrieblich vereinbarten Zusatzkosten ihre eigentliche Pufferfunktion für die gesamte Arbeitskostenentwicklung ein. Diese eröffnete selbst bei überwiegend kontraktbestimmten Einkommen leistungsfördernde betriebliche Differenzierungsspielräume. Eine gesetzliche Standardisierung hingegen bedeutet gerade das Gegenteil von produktivitätsstimulierenden, erfolgsabhängigen Entlohnungssystemen.

- Unter Allokationsgesichtspunkten besonders nachteilig ist es, wenn ein erheblicher Teil der gesetzlichen Personalzusatzkosten auf die Finanzierung der sozialen Sicherungssysteme entfällt. Die Koppelung der sozialen Sicherung an das Beschäftigungsverhältnis ist jedoch weder unter Äquivalenz- noch unter Versicherungsgesichtspunkten durchgängig überzeugend, wenn versicherungsfremde Leistungen finanziert werden, die sachlich keinen Bezug zum Faktor Arbeit haben. Dieser Finanzierungsmodus hat zum Beispiel für die Bundesrepublik 1992 zu einem Anteil des Sozialbudgets am Bruttosozialprodukt von etwa 33 Prozent geführt. Nur im Jahr 1975 war dieser Wert noch geringfügig höher. Knapp 60 Prozent des gesamten

Sozialbudgets werden hierzulande über die Sozialabgaben von Arbeitnehmern und Arbeitgebern auf den Faktor Arbeit finanziert.

- Ganz generell gilt: Je größer der Anteil der durch Arbeitgeber- und Arbeitnehmerbeiträge finanzierten Sozialleistungen im besonderen und Staatseinnahmen im allgemeinen ist, um so stärker wird gesamtwirtschaftlich der Faktor Arbeit belastet und um so arbeitsparender ist ceteris paribus die gesamtwirtschaftliche Leistungserstellung. Europaweit gibt es hier derzeit noch fundamentale Unterschiede. Der Anteil der Sozialversicherungsbeiträge an den öffentlichen Einnahmen reicht von nur 3,1 Prozent in Dänemark bis zu 44,2 Prozent in Frankreich. Der Übergang zu einer stärkeren Steuerfinanzierung von Sozialleistungen könnte damit bei einer "normalen" Inzidenz der Besteuerung per saldo den Faktor Arbeit entlasten und gleichzeitig auch über die automatische Stabilisierungswirkung eines progressiven Besteuerungssystems die Reversibilität von Kostenblöcken erhöhen. Diesen Weg will offenbar Belgien beschreiten, das bei einer Beschäftigung von Unqualifizierten den Arbeitgebern einen Teil der Sozialbeiträge erlassen und statt dessen mit Steuern finanzieren will.

(4) Arbeitslosenversicherung

Unter dem Aspekt Bestandsschutz und stellvertretend für die gesamten Transferleistungen müssen die Auswirkungen der Arbeitslosenversicherung auf die Lohnpolitik diskutiert werden, die im Fall der Beitragsfinanzierung einen wesentlichen Bestandteil der Lohnzusatzkosten darstellt.

So wird den direkten Lohnersatzleistungen und besonders der Dauer der Unterstützungszahlungen über zwei Wirkungszusammenhänge ein mittelbar entdisziplinierender Einfluß auf die Lohnfindung zugeschrieben (OECD, 1992a, 24):

- Der Anteil der Langzeitarbeitslosen an der gesamten Arbeitslosigkeit nimmt mit der Dauer der Unterstützungszahlungen zu. Ein steigender Anteil von Langzeitarbeitslosigkeit wiederum mindert die Lohnzurückhaltung, weil unter Humankapitalgesichtspunkten Langzeitarbeitslose weniger stark als Konkurrenten empfunden werden.

- Lohnersatzleistungen erleichtern implizite Kontrakte zwischen Arbeitgebern und Arbeitnehmern mit vorübergehenden Entlassungen zur kurzfristigen Anpassung des Beschäftigungseinsatzes an veränderte Ausbringungsmengen und tragen damit gleichsam durch Sozialisierung von Kosten zur Stabilität bestehender Beschäftigungsverhältnisse bei.

Im Ergebnis ähnliche Wirkungen werden auch bei arbeitsmarktpolitischen Programmen im Rahmen einer aktiven Arbeitsmarktpolitik vermutet. Auch hier wird von einer verminderten Lohnzurückhaltung insofern ausgegangen, als mit einer besseren Ausstattung der aktiven Arbeitsmarktpolitik der individuelle Wohlfahrtsverlust im Falle einer Entlassung geringer ist als ohne arbeitsmarktpolitische Begleitung (Calmfors/Nymoen, 1990, 416). Falls ein Beschäftigungsrückgang durch eine Aufstockung der Arbeitsmarktpolitik aufgefangen wird, kann auch dies zum Anlaß für weitere Lohnsteigerungen genommen werden. Im Ergebnis wird darin ein Konflikt zwischen Reallohnzurückhaltung und staatlicher Beschäftigungspolitik gesehen (ebd., 421).

Weniger pessimistisch ist die OECD, die eine Lohnzurückhaltung im Gefolge von Arbeitsmarktprogrammen dann für möglich hält, wenn kleine Zielgruppen finanziell spürbar unterstützt werden (OECD, 1993a, 68). Doch ändert diese Einschätzung nichts an der grundsätzlichen Bewertung, daß Arbeitslosenversicherungen dann den Anreiz zu einer outsider-freundlichen Lohnfindung schwächen, wenn die Folgen der Lohnvereinbarungen - praktisch im Wege von Verträgen zu Lasten Dritter - gegebenenfalls auf die Arbeitslosenversicherung abgewälzt werden können.

(5) Befristungsmöglichkeiten

Für die Einstellungspolitik von Unternehmen ist bedeutsam, inwieweit sich die mit einer Neueinstellung verbundenen Risiken durch eine fixe Kostenbelastung bei der Einstellung erhöhen. Betrachtet man eine Einstellung als eine intertemporale Investitionsentscheidung und sieht daher von den direkten Suchkosten zum Zeitpunkt der Einstellung ab[29], so wird das Einstellungsverhalten der Unternehmen vor allem davon abhängen, wie reversibel die Einstellung ist. Aus diesem Grund sind besonders die rechtlichen Befristungsmöglichkeiten für neue Beschäftigungsverhältnisse von Einfluß auf die Einstellungswahrscheinlichkeit.

Zwar läßt sich kein eindeutiger Zusammenhang zwischen den rechtlichen Bedingungen für eine Befristung von Beschäftigungsverhältnissen und der tatsächlichen Befristungshäufigkeit ermitteln, doch kann von einem inversen Zusammenhang zwischen dem Ausmaß des Bestandsschutzes und der Inanspruchnahme befristeter Beschäftigungen ausgegangen werden (OECD, 1993a, 29).

Die Befristung von Arbeitsverhältnissen hat überdies einen deutlichen Zielgruppenbezug: Unter den befristet Beschäftigten sind vorher Arbeitslose überrepräsentiert. In einigen südeuropäischen Ländern erweist sich die Befristung von Arbeitsverträgen als der Hauptweg zurück in Beschäftigung. Es gibt Evidenz dafür, daß dies in vielen Fällen eine Dauerbeschäftigung sein kann.

(6) Humankapitaleffekte des Bestandsschutzes

Bei der Beurteilung des Zusammenhangs zwischen Regulierungen, beschäftigungsfixen Kosten und der Funktionsfähigkeit von Arbeitsmärkten ist abschließend auch die Bedeutung des Bestandsschutzes für die durchschnittliche Betriebszugehörigkeitsdauer, die Humankapitalakkumulation und die Arbeitsproduktivität zu berücksichtigen.

Intuitiv überzeugend und auch empirisch belegbar ist die Vermutung, daß die Bereitschaft der Unternehmen zu Investitionen in das Humankapital ihrer Mitarbeiter mit steigender Betriebszugehörigkeitsdauer zunimmt. Die OECD geht von einer wechselseitigen Selbstverstärkung zwischen Betriebszugehörigkeit und innerbetrieblichen Qualifizierungsanstrengungen aus (OECD, 1993a, 148).

Nach dieser Auffassung kann eine Politik, die die Kosten des Beschäftigungswechsels erhöht und auf diese Weise die zwischen- und innerbetriebliche Fluktuation dämpft, immerhin als Vorteil geltend machen, daß damit die betrieblichen Weiterbildungsanstrengungen gefördert werden. Denn die Erträge einer Investition in betriebsspezifisches Humankapital verbleiben mit einer höheren Wahrscheinlichkeit im aus- und weiterbildenden Betrieb und wandern nicht zu anderen Arbeitgebern ab.

Wenn man einen mehr oder weniger linearen Zusammenhang zwischen Umfang und Qualität der betrieblichen Qualifizierung und der Arbeitsproduktivität unterstellt, so kann auf diese Weise eine Erhöhung der beschäftigungsfixen Kosten zu bestimmten Teilen durch die dadurch induzierten Produktivitätswirkungen aufgewogen werden. Aus dieser Perspektive gewinnt der Tatbestand einer im internationalen Vergleich überdurchschnittlichen Betriebszugehörigkeitsdauer in Japan und der Bundesrepublik Erklärungskraft für die Entwicklung der Arbeitsproduktivität.

Diese vermeintlichen Vorteile sind jedoch in zweierlei Hinsicht zu relativieren:

- Zum einen ist vor einer Überschätzung externer Ersparnisse durch das Abwandern betriebsspezifischen Humankapitals im Rahmen zwischenbetrieblicher Arbeitsplatzwechsel zu warnen. Wenn Humankapital betriebsspezifisch ist, so bedeutet eine Abwanderung zu anderen Arbeitgebern im Gegenzug eine Entwertung dieses Humankapitals und erfordert Lohnabschläge für den Arbeitnehmer. Ein Verbleib im weiterbildenden Betrieb ist daher wahrscheinlicher als ein Weggang zu anderen Arbeitgebern. Dies gilt besonders bei einer Senioritätsentlohnung. Ist das Humankapital hingegen nicht betriebsgebunden, so wird eine Abwanderung nur dann stattfinden, wenn sich Entlohnung und Arbeitsbedingungen verbessern. Da diese materielle Verbesserung vom neuen Arbeitgeber getragen und aus dem Produktivitätszuwachs des neuen Beschäftigungsverhältnisses finanziert werden muß, setzt der Arbeitsplatzwechsel ceteris paribus eine höhere gesamtwirtschaftliche Arbeitsproduktivität voraus.

- Zum anderen sollten die Allokationseffekte einer Erhöhung der regionalen, sektoralen und qualifikatorischen Arbeitskräftemobilität nicht übersehen werden. Ohne eine Reallokation von beschäftigten Arbeitskräften kann sich der volkswirtschaftliche Strukturwandel nicht vollziehen. Die Eintritte in und Austritte aus dem Arbeitsmarkt allein sind dafür nicht hinreichend. Die Veränderung relativer Knappheiten an Gütern, Produktionsfaktoren und Qualifikationen muß vielmehr durch berufliche Mobilität am Arbeitsmarkt nachvollzogen werden. Eine Behinderung der Arbeitskräftemobilität durch bestandsschützende Regulierungen bindet Arbeitskräfte in Verwendungsrichtungen, die in einer dynamischen Betrachtung suboptimal sein können. Je intensiver der Faktor Arbeit in der jeweiligen Verwendung gebunden bleibt und die Allokation gegen eine Veränderung relativer Knappheiten zementiert wird, um so mehr wird der im aktuellen Arbeitsmarkt bestehende Anpassungsbedarf auf die potentiellen Konkurrenten (Arbeitslose, Berufseinsteiger, Stille Reserve) abgewälzt.

Welche lohnpolitischen Schlußfolgerungen sind aus der Diagnose fixkostenbelasteter Arbeitsmärkte im Hinblick auf die lohnpolitischen Anforderungen der neunziger Jahre in der Europäischen Union in den einzelnen Mitgliedsländern zu ziehen? Die dem Gedanken des Bestandsschutzes verpflichteten Regulierungen erschweren eine Anpassung der gesamten Arbeitskosten an veränderte Absatz- und Erlösverhältnisse. Dies erhöht den Druck zur Anpassung der Beschäftigungsmenge, der sich vor allem in einer geringen Wiederbeschäftigungsquote Arbeitsloser von nur noch 30 Prozent binnen eines ganzen Jahres niederschlägt. Lohnpolitisch ist daher die Erleichterung des Wiedereinstiegs in den Arbeitsmarkt prioritär zu behandeln. Voraussetzung dafür scheint eine Revision folgender Regulierungsbausteine zu sein:

- Kündigungsschutz- und Sozialplanregelungen sollten wiederbeschäftigungsorientiert gezahlt werden und nicht die Interessen der Arbeitsuchenden verletzen.

- Die Personalzusatzkosten sollten relativ zur Direktentlohnung an Gewicht verlieren und prinzipiell reversibel sein.

- In der Tendenz sollte ein größerer Teil der sozialen Sicherung - zumindest für die Niedrigqualifizierten - statt über Beiträge auf den Faktor Arbeit über Steuern finanziert werden.

- Eine Erleichterung der Befristungspraxis könnte den Fixkostencharakter neuer Beschäftigungsverhältnisse schwächen.

- Die Arbeitsmarktpolitik sollte nicht so ausgestaltet sein, daß der Anreiz zu einer outsider-freundlichen Lohnpolitik geschwächt wird.

5.2 Verringerung der Reallohnrigidität

Die Räumung von Arbeitsmärkten hängt maßgeblich davon ab, ob - besonders nach exogenen Schocks und konjunkturellen Einbrüchen - die Reallöhne auch nach unten flexibel sind und inwieweit bestehende Lohnrigiditäten abgebaut werden können. Die Reallohnrigidität ist damit zum Teil ein Spiegelbild einer fixen Arbeitskostenbelastung. Internationale Daten zeigen einen deutlich positiven Zusammenhang zwischen der Reallohnrigidität - gemessen als Anstieg der Arbeitslosenquote, der nötig ist, um die Lohnwirkungen eines einprozentigen Preisanstiegs auszugleichen - und dem Anstieg der Arbeitslosigkeit (OECD, 1992a, 23).

Ziel einer beschäftigungsorientierten Lohnpolitik sollte es daher sein, bestehende Reallohnrigiditäten aufzuweichen, um die Entlohnung stärker an relativen Knappheiten und individuellen Produktivitäten zu orientieren. Neuere statistische Bestandsaufnahmen kommen jedoch zu dem Ergebnis, daß der Anstieg der Arbeitslosigkeit im EU-Raum in den achtziger Jahren mitnichten zu einer Verringerung der Reallohnrigidität geführt habe (Egebo/Englander, 1992). Zwei wesentliche lohnpolitische Grundsätze kommen als Ursachen für Reallohnrigiditäten in Betracht:

(1) Mindestlöhne

Ein vor allem für die Räumung qualifikatorischer Teilarbeitsmärkte bedeutsamer Tatbestand ist die Entlohnung am unteren Tarifrand. In zahlreichen EU-Ländern (Frankreich, Belgien, Luxemburg, Niederlande, Spanien, Portugal) und auch in Japan sowie den USA gibt es staatliche Mindestlohnvorschriften. In anderen Ländern mit einem differenzierten Tarifvertragssystem (Bundesrepublik, Italien, Dänemark) werden in einzelnen Tarifverträgen Lohngruppen definiert, die den niedrigsten und im Rahmen von Tarifverträgen nicht unterschreitbaren Lohn markieren. In Großbritannien sorgen die "wage councils" und in Irland eine "Employment Regulation Order" für Mindestarbeitsbedingungen in Branchen mit geringen gewerkschaftlichen Organisationsgraden. Mit Ausnahme der USA erreichen die jeweiligen Löhne 35 bis 67 Prozent der durchschnittlichen Bruttolöhne und erstrecken sich auf 5 bis 20 Prozent der Beschäftigten (Institut der deutschen Wirtschaft Köln, 1992, 109 f.).

Einen einheitlichen Mindestlohn in der EU gibt es trotz der staatlichen Einflußnahme auf die Lohnbildung und trotz zunehmender Harmonisierungsbestrebungen bis dato noch nicht. Doch liegt inzwischen eine Stellungnahme der Europäischen Kommission (1993c) zu einem angemessenen Arbeitsentgelt vor, in der über Aktionen zur "Gewährleistung des Rechts auf angemessenes Arbeitsentgelt" nachgedacht wird.

Die Beschäftigungswirkungen von Mindestlöhnen werden jedoch von Ökonomen zunehmend skeptisch beurteilt:[30]

- Tariflich oder gesetzlich fixierte Mindestlöhne tragen - sofern sie (wie in den USA) nicht völlig von einer sich normalerweise einstellenden unteren Verdienstgrenze entkoppelt sind - zur Verengung der Lohnstreuung bei, gehen zu Lasten unqualifizierter Arbeitnehmer, verringern den Anreiz zur Qualifizierung und erschweren den Markteintritt für junge Arbeitnehmer, deren Produktivität unmittelbar bei Berufseintritt oft noch gering ist.

- Trotz dieser negativen Beschäftigungswirkungen sind sie überdies offenbar nicht in der Lage, das Verarmungsproblem wirksam zu lösen.

Diese negativen Konsequenzen von Mindestlöhnen dürften sich nach aller Voraussicht in Zukunft europaweit verschärfen. Denn besonders im relativ technologiearmen Bereich un- und angelernter Beschäftigung dürfte der arbeitskostenbedingte Konkurrenzdruck aus den Reformstaaten Mittel- und Osteuropas - sowohl im Wege des Arbeitskräfteimports als auch durch direkte Arbeitsplatzexporte - stark zunehmen und die geringqualifizierten Arbeitsplätze in der EU gefährden ("pricing out"). Zu vermuten ist ferner, daß arbeitsmarktwirksame Mindestlöhne einer höheren Erwerbsquote im Wege stehen. Augenfällig ist in diesem Zusammenhang, daß die amerikanische Erwerbsbeteiligung - nach einem Gleichstand noch im Jahr 1977 - inzwischen um etwa acht Prozentpunkte über der durchschnittlichen Erwerbsquote von rund 66 Prozent in Europa liegt, die japanische Erwerbsquote sogar um 13 Punkte.

Eine Revision der faktischen Mindestlohnpraxis könnte zur Sicherung von Arbeitsplätzen auch am unteren Tarif- und Qualifikationsrand an zwei Punkten ansetzen: Zum einen müßten in tariflichen Vereinbarungen auf Branchenebene nur wirkliche Mindestlöhne verhandelt werden, die leistungsfähigeren Unternehmen die Chance einer betriebsgerechten Lohndrift lassen und die Allokationsfunktion des Lohns stärken. Die Einräumung eines breiten Spielraums für übertarifliche Bezahlung ist eine ureigene Aufgabe für eine beschäftigungsorientierte Lohnpolitik. Zum anderen wird aber auch eine Vergrößerung des Abstandes zwischen Mindest- und Durchschnittslohn unausweichlich sein, um den größer werdenden qualifikatorischen Abständen Rechnung zu tragen.

Schon für die achtziger Jahre konstatiert die OECD für 12 von 17 statistisch erschließbaren Ländern eine Vergrößerung der Lohnstreuung und nur für die Bundesrepublik - infolge deutlicher Lohnzuwächse im unteren Verdienst-Dezil - eine Verringerung der Lohndifferentiale. Die größere Lohnstreuung ist dabei im wesentlichen die Folge der technologie-induzierten Erhöhung der Nachfrage nach qualifizierten Arbeitskräften, die zu einer überproportionalen Erhöhung der Entlohnung in diesem größer werdenden Arbeitsmarktsegment geführt hat (OECD, 1993a, 157 ff.).

Diese Entwicklung setzt sich derzeit beschleunigt fort. Versuche, durch eine Mindestlohnpolitik die Abkoppelung der unteren Verdienstgruppen von der Durchschnittseinkommensentwicklung zu verhindern, kosten daher nach aller Voraussicht Beschäftigungsmöglichkeiten im kleiner werdenden Unqualifiziertenbereich. Dies entspricht der generellen Einschätzung, daß eine Korrektur der Einkommensverteilung mit Mitteln der Lohnpolitik die Arbeitskräfteallokation beeinträchtigt und damit letztlich Arbeitsplätze kostet.

Gegen eine stärkere Abkopplung unterer Verdienstgruppen vom Einkommensgeleitzug und eine größere Lohndifferenzierung wird häufig eingewandt, daß für eine zunehmende Zahl von Arbeitnehmern das Arbeitseinkommen nicht zur Sicherung des Lebensunterhaltes ausreiche ("working poor").

Dies gilt besonders für den von einer Zunahme der Lohnstreuung, sinkenden Reallöhnen für unqualifizierte Arbeitnehmer und inflationsbereinigt zurückgehenden Mindestlöhnen gekennzeichneten US-amerikanischen Arbeitsmarkt. Das amerikanische Arbeitsministerium beziffert den Anteil der "working poor"-Vollzeitarbeitnehmer, deren Verdienst nicht zur Überschreitung der Armutsgrenze für eine vierköpfige Familie ausreicht - auf rund 18 Prozent aller Beschäftigten.

Die Gegenbuchung zu dieser für europäische Vorstellungen beunruhigenden Entwicklung ist die beeindruckende Beschäftigungsbilanz der USA mit rund 16 Millionen neuen Arbeitsplätzen seit 1984. Sie ist die Folge einer im Vergleich zur EU ausgesprochen flexiblen Reaktion des Arbeitsmarktes auf Outputveränderungen, die sich in einer deutlich geringeren Lücke zwischen der Wachstumsrate der Beschäftigung und des BIP ausdrückt: Während im Schnitt der letzten zwanzig Jahre EU-weit ein Abstand von etwa zwei Prozentpunkten zwischen beiden Veränderungsraten lag, war dieser Abstand in den USA weniger als halb so groß (European Round Table of Industrialists, 1993, 5).

Diese kontrastierende Entwicklung in den europäischen und amerikanischen Arbeitsmärkten deutet auf einen grundsätzlichen trade-off hin: Ein mittelfristiger Anstieg der Erwerbsquote ist nur möglich, wenn die Erhöhung des Arbeitskräfteangebotes auch zu sinkenden Reallöhnen in den Arbeitsmarktsegmenten führt, die vom zusätzlichen Kräfteangebot betroffen sind. Gelingt diese Lohnreaktion, so kann eine im Niveau höhere oder im Zeitverlauf steigende Erwerbsquote auch mit niedrigeren oder sinkenden Arbeitslosenquoten einhergehen. (Elmeskov/Pichelmann, 1993, 22 ff.). Vereinfacht ausgedrückt: Eine substantiell höhere Erwerbsquote ist mit konstanten relativen Entlohnungsstandards unvereinbar, soll es nicht zu steigenden Arbeitslosenquoten kommen.

Wenn mithin eine steigende Erwerbsbeteiligung das Ziel europäischer Arbeitsmarktpolitik ist, so ist ein lohnpolitischer Kurswechsel im oben beschriebenen Sinn unerläßlich. Will man der dann möglichen Verschlechterung der relativen Verdienstposition bestimmter Arbeitnehmergruppen einkommenspolitisch entgegentreten, so sollten die geltenden Sozialsysteme um die Möglichkeit ergänzt werden, ein als unzureichend definiertes Arbeitseinkommen um Transferleistungen aufzustocken. Beim verfügbaren Einkommen wird dabei nicht nach den unterschiedlichen Quellen differenziert, so daß Arbeits- und Transfereinkommen gleichbehandelt werden. Nach diesem Modus verfährt die amerikanische Administration seit Beginn dieses Jahres, indem sie arbeitseinkommensschwachen Familien eine Steuervergünstigung oder einen Einkommenszuschuß gewährt. Dieses Prinzip steht diametral zu der zum Beispiel in der Bundesrepublik herrschenden widersinnigen Praxis, daß beim Bezug von Sozialtransfers (Sozialhilfe, Arbeitslosengeld) kein Anreiz zur Arbeitsaufnahme besteht, weil Arbeitseinkommen auf den Sozialhilfe- oder Arbeitslosengeldbezug angerechnet und damit gleichsam konfiskatorisch besteuert werden.

(2) Senioritätsentlohnung

Ein weiterer für die Räumung von Teilarbeitsmärkten bedeutsamer institutioneller Faktor ist das Prinzip der Senioritätsentlohnung. Aus theoretischer Perspektive ist die Senioritätsentlohnung eine Variante der sogenannten Effizienzlohntheorien, die im Kern die Existenz betriebswirtschaftlicher Vorteile einer gesamtwirtschaftlich nicht markträumenden Lohnpolitik betonen. Grundgedanke einer Senioritätsentlohnung ist es, nach dem zwischen Arbeitgebern und Arbeitnehmern ein impliziter Kontrakt besteht, daß in der Frühphase der Beschäftigung in einem Unternehmen die Entlohnung hinter dem Wertgrenzprodukt zurückbleibt, in der zweiten Hälfte eines Langzeit-Kontrakts jedoch deutlich darüber hinausgeht. Eine solche Vertragskonstruktion vermindert die Gefahr individuellen Fehlverhaltens und von Bummelei, weil damit die Arbeitnehmer die ihnen in der zweiten Vertragshälfte zufallende Rente gefährden, und erlaubt daher geringere Kontrollkosten beim Personaleinsatz. Sie erleichtert ferner eine längerfristige Personalplanung und fördert aus diesem Grund auch spezifische Human-kapitalinvestitionen der Betriebe (Lazear, 1979).

Die verfügbare empirische Evidenz bestätigt die Existenz einer altersabhängigen Entlohnung insoweit, als die Entlohnung im größeren Teil der Erwerbsbiographie mit steigender Betriebszugehörigkeitsdauer überproportional ansteigt, der Anstiegswinkel sich dann allerdings vergleichsweise stark abflacht. Ökonometrische Überprüfungen zeigen allerdings auch, daß die Seniorität in ihrem Einfluß auf die Entlohnungsprofile noch von der allgemeinen und besonders der spezifischen Humankapitalbildung übertroffen wird (Lorenz/Wagner, 1992). In diesem Punkt kann inzwischen die Humankapitaltheorie weitgehend als bestätigt gelten.

Die Frage ist allerdings, ob die in der Kontrakttheorie angedeutete Abweichung zwischen Grenzprodukt und Entlohnung, die zum positiven Zusammenhang zwischen Betriebszugehörigkeit und Entlohnung unabhängig von Produktivitätsverläufen beiträgt, nicht gleichfalls einen Erklärungsansatz für die erhöhten Verbleibrisiken besonders älterer Arbeitnehmer in Arbeitslosigkeit bietet. So lag 1991 nach der Arbeitskräftestichprobe der EU der Anteil der langzeitarbeitslosen Männer an den gesamten männlichen Arbeitslosen in der Altersgruppe der 14 bis 24jährigen bei etwa 39 Prozent, bei den über 50jährigen aber schon bei 58 Prozent. Der Grund ist darin zu sehen, daß ältere Arbeitnehmer zwar einer geringeren Gefahr unterliegen, arbeitslos zu werden, daß ihnen jedoch bei einem Verlust ihres Arbeitsplatzes eine Rückkehr in den Arbeitsmarkt zunehmend schwerer fällt als jüngeren Altersklassen.

Wenn es nun zutrifft, daß eine senioritätsabhängige Lohnpolitik die Entlohnung vom Grenzprodukt und damit vom individuellen Produktivitätsverlauf entkoppelt, so hat dies mehrere Konsequenzen für die Wahrscheinlichkeit der Arbeitsmarkträumung für ältere Arbeitnehmer:

- Findet eine Entlassung zu einem Zeitpunkt der Erwerbsbiographie statt, an dem die Entlohnung über dem Grenzprodukt liegt und damit eine Rente realisiert wird, so setzt eine Neueinstellung in einem anderen Betrieb einen deutlichen Rückgang der Entlohnung voraus, der die Folge fehlender Seniorität bei einem neuen Beschäftigungsverhältnis und des mit einer Arbeitsaufnahme verbundenen Produktivitätsverlusts ist. Werden solche Lohneinbußen vom Arbeitnehmer nicht akzeptiert, so ist das bisherige senioritätsbestimmte Lohnniveau eine gewichtige Wiedereinstellungsbarriere. Generell gilt dabei, daß die Wiedereinstellung um so unwahrscheinlicher ist, je höher die fixen Trennungskosten bei einer Entlassung sind, je ausgeprägter der altersabhängige Sozial- und Bestandsschutz ausfällt, je stärker Abfindungs- und Sozialplanzahlungen senioritätsbestimmt sind und je weniger Verwendungsauflagen für die Einmalzahlungen bestehen.

- Senioritätsentlohnung macht Frühverrentungssysteme und gesetzliche Altersgrenzen zu einem Instrument der Kostenentlastung für Unternehmen. Bei einer Entlohnung, die sich enger am Produktivitätsverlauf orientiert, besteht kein Anreiz zur Frühverrentung und damit zur Belastung sozialer Sicherungssysteme (Hutchens, 1989, 53). Generell dürften gerade senioritätsabhängige Sozialplanregelungen dahin wirken, daß Entlassungszeitpunkte in der Erwerbsbiographie vorverlegt werden, weil dies aus der Sicht der Unternehmen die Entlassungskosten senkt (Dichmann, 1992, 260). Die Frühverrentung wird dabei für Arbeitnehmer um so vorteilhafter sein, je höher der Gegenwartswert eines vorzeitigen Ruhestandes durch Abfindungszahlungen über den Gegenwartswert eines regulären Ruhestandes hinaus angehoben wird. Dies wiederum hängt unmittelbar von der Höhe der Senioritäts-"Rente" ab. Überdies sollte bedacht werden, daß Rentensysteme, die die Rentenhöhe an die jeweils letzte Entlohnung vor dem Ruhestand koppeln, das Senioritätsprinzip auch in die Nach-Erwerbsphase hinübertragen.

- Senioritätsentlohnung führt - besonders in den Altersklassen, bei denen Senioritätsregeln zu greifen beginnen - bei einer alternden Erwerbsbevölkerung zwingend zu überproportional steigenden Arbeitskosten (Johnson, 1993). Unter sonst gleichen Bedingungen bedeutet dies eine Verteuerung des Faktors Arbeit gegenüber dem Faktor Kapital, was im Ergebnis arbeitsparende Rationalisierungsprozesse auslösen dürfte. Von diesen oft kapital- und innovationsgebundenen Rationalisierungen sind nach bisherigen Erfahrungen vor allem ältere Arbeitnehmer betroffen. Auch deren Wiedereingliederung wird insofern schwieriger, als die Qualifizierung für die neuen Produktionsverfahren mit zunehmendem Alter schwerer fällt.

- Erweitert man den Senioritätsansatz um den Einfluß von Gewerkschaften, so kann zum einen die Senioritätsregel bei der Entlassung (last in, first out) aufgrund medianwählerbestimmter gewerkschaftlicher Abstimmungsregeln dazu führen, daß Beschäftigungsaspekte bei der gewerkschaftlichen Lohnpolitik keine Berücksichtigung mehr finden (Oswald, 1993, 87). In einer Insider-Outsider-Interpretation bedeutet dies zum anderen, daß Gewerkschaften ein Interesse an der Etablierung von Senioritätsregeln haben. Denkbare Ansatzpunkte dafür sind zum Beispiel in der Bundesrepublik betriebsverfassungsrechtlich die auf die Zustimmung von Gewerkschaften und Betriebsräten angewiesenen alters- und senioritätsabhängigen Staffelungen bei Kündigungsfristen, der Sozialauswahl bei betriebsbedingten Kündigungen und der nach Alter und Betriebszugehörigkeit gestuften Sozialplanleistungen. Diese Regeln akzentuieren die Wiederbeschäftigungsprobleme für ältere Arbeitnehmer.

Bisher kann die Annahme altersbedingt abnehmender individueller Produktivitätsraten empirisch noch nicht als bestätigt angesehen werden (Johnson/Zimmermann, 1993, 10 f.). Der lebensaltersabhängige Produktivitätsverlauf hängt maßgeblich davon ab, wie betriebsspe-zifisch das einmal erworbene Humankapital ist, inwieweit also auch nach dem Berufseintritt qualifiziert wurde. Es gibt Indizien dafür, daß mit zunehmendem Alter und zunehmender Betriebszugehörigkeit sinkende Produktivitätsraten durch eine zielgruppengerechte Qualifizierung älterer Arbeitnehmer teilweise wettgemacht werden können. Dies wäre die entsprechende Empfehlung an eine Qualifizierungspolitik, die eine bestehende "Senioritätslücke" von der Produktivitätsseite her verringern will.

Insgesamt bleibt es daher eine Aufgabe für Betriebe und Tarifparteien, ein effizienteres Produktivitäts-Screening zu betreiben und die Lohnpolitik stärker am altersabhängigen Produktivitätsverlauf zu orientieren. Voraussetzung dafür ist, daß die genannten institutionellen Rahmenbedingungen so modifiziert werden, daß eine nicht durch entsprechende Produktivitäten gedeckte Senioritätsentlohnung nicht auch noch betriebswirtschaftlich rational ist. Die lohnpolitischen Schlußfolgerungen aus diesen Überlegungen lauten:

- Ziel einer beschäftigungsorientierten Lohnpolitik sollte es insgesamt sein, bestehende Reallohnrigiditäten aufzuweichen, um die Entlohnung stärker an relativen Knappheiten und individuellen Produktivitäten zu orientieren. Dies erfordert die Vereinbarung echter Mindestlöhne, die Beschäftigungschancen auch am unteren Tarifrand eröffnen.

- Flankiert werden muß diese Abkehr von einer verteilungsorientierten, auf die Aushandlung von Soziallöhnen bedachten Lohnpolitik durch eine veränderte Einkommenspolitik im Sinne der negativen Einkommensteuer.

- Die in den verschiedenen Senioritätsbausteinen angelegte Abweichung zwischen Lohn und Produktivität sollte korrigiert werden. Auch den demographischen Verschiebungen ist Rechnung zu tragen, so daß sich die Lohnpolitik stärker am altersabhängigen Produktivitätsverlauf orientieren kann.

Nur mittels derartiger Reformen der einzelstaatlichen Arbeitsmartkverfassungen scheint vor dem Hintergrund der für die nächsten Jahre absehbaren Arbeitsmarktsituation im EU-Raum und der durch die Implementierung der EWU steigenden Anforderungen an die Lohnpolitik eine allmähliche Annäherung an das Vollbeschäftigungsziel realistisch.

6. Die wichtigsten Ergebnisse

Die Errichtung der EWU bedeutet für die Lohnpolitik eine tiefgreifende ordnungspolitische Zäsur. Verglichen mit dem Status quo in Europa werden die nationalen Arbeitsmärkte verstärkt zu Wettbewerbsmärkten. Im Ergebnis läuft dies auf eine Erhöhung der beschäftigungspolitischen Verantwortung der Tarifpartner in den einzelnen Mitgliedstaaten hinaus - aber zugleich auch auf eine Steigerung der beschäftigungspolitischen Wirksamkeit der Lohnpolitik.

Die EWU impliziert vor allem insofern eine entscheidende Änderung des für die Lohnpolitik relevanten Datenkranzes, als sie den diskretionären Spielraum anderer Bereiche der Wirtschaftspolitik maßgeblich einengt. Zum einen sind im Rahmen des vorgezeichneten makroökonomischen Konvergenzprozesses der nächsten Jahre die Geldpolitik auf einen strikten Anti-Inflationskurs und die Finanzpolitik auf einen strukturellen Konsolidierungspfad festgelegt, so daß Fehlleistungen der Lohnpolitik künftig nicht mehr - wenn auch nur vorübergehend - durch expansives staatliches Demand Management überspielt werden können. Zum anderen fällt der Wechselkurs als Instrument der Wirtschaftspolitik fort mit der Konsequenz, daß in der EWU die Nominallohnpolitik stets auch gleichzeitig Reallohnpolitik und damit unmittelbar beschäftigungsrelevant ist.

Zusätzlich zu den Erfordernissen des geänderten ordnungspolitischen Rahmens steht die Lohnpolitik in den nächsten Jahren noch aus einem anderen Grund unter einer besonderen beschäftigungspolitischen Verantwortung: der gegenwärtigen Wirtschaftslage in Europa. Sie ist gekennzeichnet durch eine anhaltende Rezession, die EU-weit zu einer drastischen Zunahme der Arbeitslosigkeit geführt hat. Angesichts dessen sind die Tarifparteien in den neunziger Jahren aufgefordert, durch eine auf Kostendämpfung und internationale Wettbewerbsfähigkeit bedachte Lohnpolitik den wirtschaftlichen Wachstumsprozeß in der Union zu fördern und gleichzeitig einen aktiven lohnpolitischen Beitrag zur Lösung der Beschäftigungsprobleme zu leisten.

Vor diesem makroökonomischen Hintergrund lassen sich folgende allgemeine Grundsätze für die Lohnpolitik in den einzelnen EU-Ländern ableiten:

- *Unterstützung des Desinflationsprozesses:* Ohne stabilitätspolitischen Beitrag der Lohnpolitik kann die unter den Vorzeichen der EWU geforderte Inflationsbekämpfung seitens der Geldpolitik nicht gelingen.

- *Orientierung an der zukünftigen - niedrigeren - Inflationsrate:* Dies ist notwendig, um die lohnpolitische Flankierung des eingeleiteten Desinflationsprozesses möglichst effizient zu gestalten und nicht eine neue Lohn-Preis-Spirale in Gang zu setzen.

- *Rücksichtnahme auf die volkswirtschaftliche Leistungsfähigkeit :* Die bis auf weiteres fortbestehenden Diskrepanzen hinsichtlich der nationalen Produktivitäts- und Einkommensniveaus in der Union müssen hingenommen werden, was eine forcierte Lohnangleichung nach der Devise "gleicher Lohn für gleiche Arbeit" ausschließt.

- *Herausbildung wettbewerbsorientierter intersektoraler Lohnstrukturen:* Der im direkten internationalen Wettbewerb stehende Außenwirtschaftssektor muß gegenüber dem vor ausländischer Konkurrenz weitgehend geschützten Binnensektor die Lohn-führerschaft übernehmen.

- *Berücksichtigung sozialpolitisch bedingter Kosten:* Zum einen darf auch die Sozialpolitik den Faktor Arbeit nicht übermäßig verteuern. Zum anderen sind sozialrechtliche Regelungen ein eigenständiger Wettbewerbsparameter, so daß es keinen überzeugenden Grund für eine möglichst umfassende EU-weite Harmonisierung im Bereich der Sozialpolitik gibt.

In der jüngeren Vergangenheit wurden die Tarifpartner und Regierungen in praktisch allen EU-Ländern diesen Anforderungen nicht gerecht. Über weite Strecken ist die Lohnentwicklung der Produktivitätsrate vorausgeeilt, so daß die Lohnstückkosten rasant angestiegen sind. Zusammen mit den eingetretenen Veränderungen im internationalen Wechselkursgefüge hat sich damit von der Lohnkostenseite her die Wettbewerbsfähigkeit der EU gegenüber den USA und Japan vor allem seit 1985 deutlich verschlechtert. Als Ergebnis davon hatten EU-Industriegüter im Jahr 1992 im Schnitt eine um fast 14 Prozent höhere Lohnstückkostenbelastung als vergleichbare amerikanische oder japanische Produkte.

Die lohnpolitischen Fehlentwicklungen der letzten Jahre sind im Hinblick auf die Erfordernisse der EWU nicht mit niedrigeren Tarifabschlüssen in einem einzelnen Jahr - oder auch über mehrere Jahre hinweg - zu korrigieren. Erforderlich ist vielmehr eine dauerhafte und nachhaltige Verhaltensänderung bei den Tarifparteien, der ein grundsätzlicher lohnpolitischer Paradigmawechsel vorangehen muß. Konkret: Die Arbeitnehmer dürfen ihre lohnpolitischen Forderungen nicht mehr primär verteilungspolitisch bemessen nach der Formel "Produktivitätszuwachs + voller erwarteter Preisanstieg + Umverteilungskomponente"

Die verteilungsorientierte lohnpolitische Strategie birgt erhebliche Gefahren für die Preisstabilität, die internationale Wettbewerbsfähigkeit der Wirtschaft sowie für Wachstum und Beschäftigung - und zwar ohne letztlich das angestrebte Verteilungsziel garantieren zu können.

Um diese Probleme zu vermeiden, müssen die Tarifparteien grundsätzlich zu einer produktivitätsorientierten Lohnpolitik übergehen. Diese beschränkt den Lohnanstieg auf die Zuwachsrate der Arbeitsproduktivität und zielt somit auf eine Konstanz der Lohnstückkosten ab. Ein kosteninduzierter Preisdruck entsteht nicht. Insofern ist diese Form der Lohnpolitik zugleich auch stabilitätsorientiert und damit EWU-konform. Da sich die EU-Wirtschaft gegenwärtig in einer Situation struktureller Unterbeschäftigung befindet, erfordert eine beschäftigungsorientierte Tarifpolitik, daß der Lohnanstieg für eine gewisse Zeit sogar noch hinter dem Produktivitätszuwachs zurückbleibt. Dadurch verbessert sich die Ertragslage der Unternehmen; infolge der gestiegenen Kapital-Profitabilität steigt ihr Spielraum für Investitionen. Ohne eine solche spürbare Belebung der Investitionstätigkeit und der davon ausgehenden Wachstumsstimulierung ist eine Besserung der Arbeitsmarktlage letztlich nicht zu erwarten.

Die Abkehr von einer verteilungsorientierten Lohnpolitik bedeutet für die Arbeitnehmer wohlgemerkt keinen Nachteil. Eine Lohnpolitik, die Spielraum läßt für steigende Erträge und Investitionen der Unternehmen, erhöht über wirtschaftliches Wachstum und stabile Preise die reale Verfügungsmasse, an der auch die Arbeitnehmer über steigende Realeinkommen und mehr rentable Arbeitsplätze profitieren. Umgekehrt ist eine ex ante umverteilungsorientierte Lohnpolitik mit verschlechterten Gewinnaussichten, verminderter Investitionsneigung und -fähigkeit sowie Wachstumsverlusten verbunden. Im Ergebnis fällt die reale Verteilungsmasse geringer aus. Eine Veränderung der gesamtwirtschaftlichen Lohnquote läßt von daher keinerlei Rückschlüsse auf die Einkommensposition der Arbeitnehmer zu. Als tarifpolitische Zielgröße ist sie grundsätzlich ungeeignet.

Ein Weg zum Ziel einer weniger von Verteilungskämpfen geprägten Lohnpolitik wäre die stärkere Beteiligung der Arbeitnehmer über die Lohnquote hinaus auch an der zweiten Einkommensart des Volkseinkommens, dem Bruttoeinkommen aus Unternehmertätigkeit und Vermögen. Die Gewerkschaften und Arbeitnehmer bräuchten dann nicht länger zu fürchten, bei moderater Lohnpolitik verteilungspolitisch abgehängt zu werden. Denn einem Weniger beim Bruttoeinkommen aus unselbständiger Arbeit stände zwangsläufig ein Mehr bei ihrer zweiten Einkommensquelle gegenüber. Auch für die Unternehmen zahlt sich ein solcher Systemwechsel aus: Arbeits- und Kapital-Produktivität steigen, ebenso die Rentabilität des eingesetzten Kapitals.

Über die Entschärfung von potentiellen Verteilungskonflikten zwischen den Tarifparteien hinaus bringt die Umsetzung ertragsorientierter Entlohnungssysteme mehr Flexibilität in die Lohnfindung und Lohngestaltung. Die zunehmenden Probleme an den europäischen Arbeitsmärkten verlangen ein flexibles Reagieren der Effektivlöhne auf qualifikatorisch, regional und nach Branchen unterschiedliche Knappheiten am Arbeitsmarkt. Je besser die Löhne diese Disparitäten reflektieren, um so größer ist die Chance, über Einkommensanreize Angebot und Nachfrage am Arbeitsmarkt sozialverträglich auszugleichen.

Theoretisch ließe sich die EU-Lohnstückkostenposition im internationalen Vergleich auch durch eine bewußt herbeigeführte Abwertung der europäischen Währungen gegenüber Drittländern korrigieren. Bei näherem Hinsehen zeigt sich allerdings, daß die Abwertungsoption keine wirkliche Alternative zur Lohnzurückhaltung ist. Die gegenwärtigen wirtschaftlichen Probleme würden dadurch eher noch weiter vergrößert. Denn mit einer Abwertung sind vielfältige gesamtwirtschaftliche Kosten verbunden, wie die praktischen Erfahrungen einzelner Länder (Frankreich, Schweden) in den achtziger Jahren belegen. Umgekehrt verdeutlicht das Beispiel der Bundesrepublik Deutschland, daß ein Land, dessen Währung sich im langfristigen Trend aufwertet, sogar einen größeren lohnpolitischen Spielraum erhält.

Neben den Tarifparteien hat vor dem Hintergrund der EWU und den aktuellen Beschäftigungsproblemen auch der Staat eine gesteigerte beschäftigungspolitische Verantwortung. Über die Höhe der lohngebundenen Steuer- und Sozialabgaben bestimmt er die sogenannte Abgabenschere (tax wedge). Sie entspricht der Differenz zwischen dem die Arbeitnehmer interessierenden Nettoeinkommen ("Arbeitnehmerlohn") und den für die Unternehmen - und damit für die Nachfrage nach Arbeitskräften - relevanten gesamten Arbeitskosten ("Arbeitgeberlohn"). Die Abgabenschere hat sich seit Beginn der achtziger Jahre im EU-Durchschnitt deutlich erhöht. Eine Umkehr dieses Trends in den nächsten Jahren ist dringend geboten. Durch eine Rückführung der Abgabenbelastung kann der Staat die Verteilungsmasse für die Tarifparteien vergrößern. Das Erfordernis eines Anstiegs der Arbeitskosten unterhalb des Produktivitätsfortschritts könnte dann gleichwohl mit steigenden Nettoeinkommen der Arbeitnehmer einhergehen.

Der Staat kann den Tarifparteien beschäftigunsgerechte Lohnabschlüsse auch erleichtern, indem er mit Erhöhungen von Verbrauchsteuern, Gebühren und administrierten Preisen zurückhaltend ist. Denn diese fördern den allgemeinen Preisauftrieb und schmälern so die Realeinkommen der Arbeitnehmer. Kommt es dennoch zu derartigen administrierten Preissteigerungen, können diese jedoch nicht als Begründung für eine Erhöhung von Tariflöhnen- und -gehältern herhalten, da es sich dabei um eine politisch gewollte Umverteilung der Einkommen zugunsten der öffentlichen Haushalte und zu Lasten von privaten Unternehmen und Arbeitnehmern handelt.

Ob und wie effizient die Leitgedanken einer beschäftigungsorientierten Lohnpolitik in die tarifpolitische Praxis umgesetzt werden können, hängt nicht zuletzt von institutionellen Aspekten der Lohnfindung ab. Sie unterscheiden sich zwischen den einzelnen EU-Mitgliedsländern zum Teil sehr deutlich.

Ein wichtiger Aspekt in diesem Zusammenhang ist die Lohnindexierung. Je stärker die Löhne indexiert sind, desto weniger müssen sich die Gewerkschaften um ihr Ziel der Kaufkraftsicherung kümmern und desto mehr können sich Tarifverhandlungen auf die Entwicklung der realen Löhne konzentrieren. Dem stehen allerdings gewichtige Nachteile in Form von Gefahren für die internationale Wettbewerbsfähigkeit und von verringerter Flexibilität der Lohnstruktur gegenüber. Zusammen mit den bisherigen internationalen Erfahrungen sprechen diese Argumente nicht dafür, im Hinblick auf die lohnpolitischen Erfordernisse in der EWU verstärkt auf Lohnindexierungssysteme zurückzugreifen.

Ein weiterer institutioneller Faktor ist der Zentralisierungsgrad der Tarifverhandlungen. Sowohl landesweite Verhandlungen auf überfachlicher Ebene als auch landesweite oder regionale Verhandlungen auf Branchenebene wie Verhandlungen auf Unternehmens- oder Betriebsebene haben ihre jeweiligen Vor- und Nachteile. Die "optimale" Verhandlungsebene gibt es nicht.

Die Angemessenheit eines Lohnfindungssystems und einer Verhandlungsebene hängt stark vom jeweiligen landesspezifischen Hintergrund, von der Struktur, Koordination und Stärke der Tarifparteien, dem Kooperations- oder Konfrontationskurs der Gewerkschaften und der jeweiligen Wirtschaftslage ab. Da sich diese Faktoren von Land zu Land deutlich unterscheiden, ist eine Vereinheitlichung der in den einzelnen Ländern existierenden Lohnfindungssysteme auch in der EWU weder zu erwarten, noch wäre dies angebracht.

Ebensowenig gibt es ökonomisch überzeugende Gründe für einen steigenden Bedarf an tarifpolitischer Zentralisierung in der EWU im Sinne supranationaler Tarifverhandlungen. Im Gegenteil: EU-weite Lohnabschlüsse könnten den unterschiedlichen Bedingungen und Entwicklungen in den einzelnen Mitgliedstaaten nicht angemessen Rechnung tragen und würden damit zum Beispiel eine stärkere Produktivitätsorientierung unmöglich machen. Zudem besitzen beide Tarifparteien auf europäischer Ebene einstweilen wenig handlungsfähige Organisationsstrukturen und äußerst heterogene Interessen. Gerade darin liegt freilich ein großer Vorteil: Die Unmöglichkeit der Etablierung eines tarifpolitischen Machtkartells auf EU-Ebene erhöht die Chancen für eine strikt an der volkswirtschaftlichen Leistungsfähigkeit orientierte, beschäftigungs-fördernde Lohnpolitik.

Zur Lösung der europäischen Beschäftigungsprobleme muß die geforderte moderate Tariflohnpolitik flankiert werden durch strukturelle Reformen der Arbeitsmarktverfassung. Die gegenwärtigen individual- und kollektivrechtlichen Regelungen tendieren in vielen Ländern dazu, die beschäftigungspolitische Wirksamkeit der Tarifpolitik zu beschneiden. Oft gehen von der existierenden Arbeitsmarktverfassung sogar negative Anreizwirkungen auf die Tarifpolitik aus. Ziel der Reformen muß es vor allem sein, der Entstehung und Verfestigung eines Insider-Outsider-

Problems entgegenzuwirken. Dazu müssen zahlreiche dem Gedanken des Bestandsschutzes verpflichtete Regulierungen modifiziert oder abgeschafft werden, die Arbeit mehr oder weniger zu einem quasifixen Produktionsfaktor machen. Die Palette der in diesem Zusammenhang relevanten Faktoren reicht von Kündigungsschutz- und Sozialplanregelungen über die Höhe der Personalzusatzkosten bis zu den Möglichkeiten einer zeitlichen Befristung von Beschäftigungsverhältnissen.

Ein schwerwiegendes Hindernis auf dem Weg zu mehr Beschäftigung ist schließlich die in Europa - etwa im Vergleich zu den USA - zu konstatierende Rigidität der Reallöhne. Ausschlaggebend dafür scheinen primär nicht knappheitsorientierte Mindestlöhne sowie die Praxis der Senioritätsentlohnung zu sein. Eine beschäftigungsorientierte Lohnpolitik muß daher zum einen Beschäftigungschancen auch am unteren Tarifrand eröffnen - gegebenenfalls flankiert durch eine veränderte Transferpolitik. Zum anderen sollte die im Senioritätsprinzip angelegte Abweichung zwischen Lohn und Produktivität korrigiert werden. Auch den demographischen Verschiebungen ist Rechnung zu tragen, so daß sich die Lohnpolitik stärker am altersabhängigen Produktivitätsverlauf orientieren kann.

Eine Änderung der nationalen Arbeitsmarktverfassungen mit dieser Stoßrichtung scheint eine unabdingbare Voraussetzung, um mittelfristig die im gesamten EU-Raum vorhandenen Beschäftigungsprobleme zu überwinden. In der Vergangenheit sind entsprechende Ansätze immer wieder am Beharrungsvermögen der betroffenen Institutionen und am Besitzstandsdenken der beteiligten Gruppen gescheitert. Der von der Errichtung der EWU ausgehende ordnungspolitische "Schock" für die Lohn- und Arbeitsmarktpolitik im Sinne höherer Flexibilitätsanforderungen und stärkerer Wettbewerbsorientierung sollte diesmal die Einsicht in die Notwendigkeit struktureller Reformen bei allen Beteiligten fördern.

Die in dieser Studie skizzierten Empfehlungen für die Lohn-, Finanz- und Arbeitsmarktpolitik bieten freilich auch unabhängig von der Währungsunion eine Orientierungshilfe zur Verbesserung der internationalen Wettbewerbsfähigkeit und zur Überwindung der gravierenden Beschäftigungsprobleme in der Europäischen Union. Es besteht mithin in den nächsten Jahren akuter Handlungsbedarf auf den genannten Feldern, auch wenn sich der derzeit vorgesehene Fahrplan zur Vollendung der EWU nicht realisieren läßt.

Anmerkungen

1 Vgl. Art. 104 c und Art. 109 j EGV in Verbindung mit dem "Protokoll über das Verfahren bei einem übermäßigen Defizit"

2 Vgl. Art. 1 des "Protokoll über die Konvergenzkriterien nach Artikel 109 j des Vertrags zur Gründung der Europäischen Gemeinschaft"

3 Schätzung der Inflationsraten der EG-Kommission vom 18. August 1993

4 Schätzung der EG-Kommission vom 18. August 1993

5 Schätzung der EG-Kommission vom 18. August 1993

6 Die Notwendigkeit zur fiskalischen Konsolidierung ergibt sich im übrigen ganz unabhängig von den Maastrichter Konvergenzkriterien. Sowohl die OECD als auch der Internationale Währungsfonds haben in jüngster Zeit mit Nachdruck auf die zunehmend prekäre öffentliche Finanzlage in den westlichen Industrieländern hingewiesen. Vgl. dazu OECD Economic Outlook (1993b) sowie Internationaler Währungsfonds (1993)

7 Siehe in diesem Sinn etwa auch EG-Kommission (1990, 168 f.)

8 Schätzung der EG-Kommission vom 18. August 1993

9 Vgl. beispielsweise EG-Kommission (1993b) sowie OECD (1993c)

10 Schätzung der EG-Kommission vom 18. August 1993

11 Vgl. Deutsche Bundesbank, (1992, 26 ff.). In ähnlichem Sinn Bank of England, (1993, 3)

12 Unter der Annahme eines jährlichen Finanzierungsdefizits in Höhe von 3 Prozent des BIP und einer nominalen BIP-Wachstumsrate von jahresdurchschnittlich 6 Prozent benötigen beispielsweise die derzeit besonders hoch verschuldeten Länder Belgien, Irland, Italien und Griechenland mehr als eine Generation, um das 60-Prozent-Kriterium für den öffentlichen Schuldenstand zu erreichen. Siehe zu dieser Modellrechnung Fröhlich (1993, 39 ff.)

13 Die Turbulenzen im EWS während der letzten 18 Monate sind dafür ein deutlicher Beleg. Obwohl in einigen Ländern - namentlich Frankreich - die monetären Fundamentalfaktoren mit konstanten nominalen Wechselkursen durchaus vereinbar waren, hielten die Märkte den verordneten Stabilitätskurs auf Dauer innenpolitisch für immer weniger konsensfähig. So war es nur eine Frage der Zeit, bis sich die internationale Spekulation auch gegen scheinbar "gesunde" Währungen richtete.

14 Im selben Sinne auch der deutsche Sachverständigenrat zur Begutachtung der gesamtwirtschaftlichen Entwicklung (1993, Tz. 285): "Die einfache Grundregel, daß die Tarifpolitik nur das verteilen darf, was in den Unternehmen erwirtschaftet wird, ist in den neuen Bundesländern systematisch mißachtet worden. Die Begründung, in Ost und West müsse für gleiche Arbeit der gleiche Lohn gezahlt werden, läßt außer Betracht, daß dies nur unter der Voraussetzung gleicher Produktivität realisierbar ist."

15 Siehe zum folgenden beispielsweise auch Sauernheimer (1992, 15 ff.)

16 Vgl. etwa Edgren/Faxén/Odhner (1973)

17 Bereits im Jahr 1956 kam eine internationale Expertengruppe unter Leitung des schwedischen Nobelpreisträgers Professor Bertil Ohlin, die im Auftrag des Internationalen Arbeitsamtes soziale Aspekte der europäischen wirtschaftlichen Zusammenarbeit untersuchte, zu dem folgenden Ergebnis, an dessen Aktualität und Richtigkeit sich bis heute nichts geändert hat

(Internationales Arbeitsamt, 1956, 86): "Fassen wir unsere Untersuchung über die Frage zusammen, ob und inwiefern eine Harmonisierung der sozialen Bedingungen und der sozialpolitischen Maßnahmen erforderlich ist, so gelangen wir zu dem Schluß, daß offenbar zum wirksamen Funktionieren erweiterter Märkte ein geringeres Maß von Harmonisierung erforderlich sein dürfte als oft angenommen wird".

18 Auch der deutsche Sachverständigenrat zur Begutachtung der gesamtwirtschaftlichen Entwicklung (1991, Tz. 385) bestätigt die hier diskutierten Zusammenhänge zwischen Lohnpolitik und Einkommensentwicklung: "Tarifabschlüsse, die im Rahmen der vom Sachverständigenrat vertretenen produktivitätsorientierten Lohnpolitik bleiben, verhindern keineswegs die Beteiligung der Arbeitnehmer am Wachstum der Realeinkommen. So stand im Zeitraum 1985 bis 1989 einem Produktivitätsanstieg von durchschnittlich 2,2 vH ein Reallohnanstieg von durchschnittlich 2,4 vH gegenüber. Dies wurde bei einer Tariflohnsteigerungsrate erreicht, die mit einem Wert von durchschnittlich knapp 3,7 vH den Rahmen der Produktivitätsorientierung einhielt".

19 Vgl. hierzu auch Sachverständigenrat (1972, Tz. 501 ff.; 1975, Tz. 370 ff.; 1976, Tz. 361 ff.; 1981, Tz. 338 ff.)

20 Theoretische und empirische Analysen der Steuer- und Abgabenwirkungen mit internationalen Vergleichen finden sich bei Knoester/Windt (1987) und Padoa-Schioppa/Kostoris (1991)

21 Namentlich in der Bundesrepublik Deutschland waren in jüngster Zeit die vom Staat verordneten administrierten Preissteigerungen eine der wichtigsten Ursachen des anhaltenden Preisauftriebs. Sie haben damit zweifellos eine beschleunigte Senkung der Leitzinsen seitens der Deutschen Bundesbank und so indirekt eine geldpolitische Stimulierung der EU-Volkswirtschaften insgesamt behindert.

22 Nützliche Überblicke über institutionelle Gegebenheiten der Lohnfindung in verschiedenen Ländern, die im folgenden jedoch um eigene Recherchen ergänzt werden, finden sich bei Hartog/Theeuwes (1993), Rothman/Briscoe/-Nacamulli (1993) und Treu (1992)

23 Für die Bundesrepublik läßt sich zeigen, daß langfristig die Preiselastizität der Tariflohnentwicklung gleich 1 ist und daß kurzfristige Abweichungen des Reallohns von seinem Gleichgewichtspfad vor allem auf Erwartungsfehler bezüglich der Inflation in den Tarifverhandlungen zurückzuführen sind; vgl. Carruth/Schnabel (1993)

24 Davon geht zum Beispiel unter Betonung von Fairness-Aspekten die Effizienzlohntheorie aus (Akerlof/Yellen, 1990); Relativlohn-Erklärungen lassen sich mindestens bis hin zu Keynes zurückverfolgen und gelten natürlich auch für Branchenverhandlungen.

25 Für Übersichten und empirische Überprüfungen, vgl. zum Beispiel Calmfors/Driffill (1988), Dell'Aringa/Samek Lodovici (1992), Calmfors (1993) und Schnabel (1993) sowie die Beiträge im Sammelband von Brunetta/-Dell'Aringa (1990)

26 Dies ist auch das Ergebnis eines vorwiegend theoretischen Surveys von Calmfors (1993)

27 Ein aktuelles Beispiel belegt diese Hypothese: Ford Deutschland zahlte 1992 für einen Stellenabbau von 3.700 Mitarbeitern rund 817 Millionen DM an Abfindungen. Dies entspricht einem durchschnittlichen Abfindungsbetrag von

etwa 220.000 DM und damit in etwa der durchschnittlichen Kapitalausstattung eines neugeschaffenen Arbeitsplatzes.

28 Für eine Analyse der Sozialplanpraxis in der Bundesrepublik Deutschland siehe Hemmer (1988)

29 Immerhin entscheidet das System der Arbeitsvermittlung über die Verfügbarkeit alternativer Rekrutierungswege bei der Personalbeschaffung und deren relative Kosten. Generell kann gelten, daß durch den Verzicht auf private Vermittlungsdienste infolge öffentlich monopolisierter Vermittlungssysteme Opportunitätskosten entstehen, die um so höher sein dürften, je marktferner das tatsächliche Vermittlungsgeschäft abläuft und je schlechter der Arbeitsmarktausgleich aus institutionellen Gründen funktioniert.

30 Schon frühzeitig Stigler (1946); zuletzt Flanagan (1992, 114 f.); neuerdings auch OECD (1992b, 29) und (1993c, 22) sowie ILO (1992, 16); anderer Ansicht für Großbritannien Machin/Manning (1992)

Literaturverzeichnis

Akerlof, George A. und Janet L. Yellen, 1990, The Fair Wage-Effort Hypothesis and Unemployment, Quarterly Journal of Economics, Vol. 105, 255 bis 283

Bank of England, 1993, Quarterly Bulletin, Vol. 33, Februar

Brunetta, Renato und Carlo Dell'Aringa (Hrsg.), 1990, Labour Relations and Economic Performance, Houndmills und London

Bruno, Michael und Jeffrey D. Sachs, 1985, Economics of Worldwide Stagflation, Oxford

Calmfors, Lars, 1993, Centralisation of Wage Bargaining and Macroeconomic Performance: A Survey, OECD Economics Department Working Paper No. 131, Paris

Calmfors, Lars und John Driffill, 1988, Bargaining Structure, Corporatism and Macroeconomic Performance, in: Economic Policy, Vol. 6, 14 bis 61

Calmfors, Lars und Ragnar Nymoen, 1990, Real Wage Adjustment and Unemployment Policies in the Nordic Countries, in: Economic Policy, Vol. 11, 397 bis 448

Carruth, Alan und Claus Schnabel, 1993, The Determination of Contract Wages in West Germany, in: Scandinavian Journal of Economics, Vol. 95, 297 bis 310

Dell'Aringa, Carlo und Manuela Samek Lodovici, 1992, Industrial Relations and Economic Performance, in: Treu, Tiziano (Hrsg.), Participation in Public Policy-Making, Berlin und New York, 26 bis 58

Deregulierungskommission, 1991, Marktöffnung und Wettbewerb, Zweiter Bericht an die Bundesregierung, Bonn

Deutsche Bundesbank, 1992, Zum Zusammenhang zwischen Geldmengen- und Preisentwicklung in der Bundesrepublik Deutschland, in: Monatsberichte, 44. Jg., Nr. 1 (Januar), 20 bis 29

Dichmann, Werner, 1992, Kollektive Interessenvertretung, Recht und ökonomische Effizienz, Freiburg

Edgren, G. K.O. Faxén und C.E. Odhner, 1973, Wage Formation and the Economy, London

EG-Kommission, 1990, Ein Markt, eine Währung, Europäische Wirtschaft Nr. 44, Brüssel

EG-Kommission, 1991, Die Förderung der Gewinn- und Betriebsergebnisbeteiligung der Arbeitnehmer in den Mitgliedstaaten der Europäischen Gemeinschaft ("Pepper-Bericht"), Florenz und Brüssel

EG-Kommission, 1993a, Annual Economic Report for 1993, Brüssel

EG-Kommission, 1993b, Gemeinschaftsweiter Rahmen für die Beschäftigung, Dokument KOM (93) 238 endg. vom 26. Mai

EG-Kommission, 1993c, Stellungnahme der Kommission der Europäischen Gemeinschaften zu einem angemessenen Arbeitsentgelt, Dokument KOM (93) 388 endg. vom 21. September

Egebo, Thomas und Steven Englander, 1992, Institutional Commitments and Policy Credibility: a Critical Survey and Empirical Evidence from the ERM, in: OECD Economic Studies, No. 18, 45 bis 84

Eucken, Walter, 1952, Grundsätze der Wirtschaftspolitik, Bern und Tübingen

Flanagan, Robert J., 1990, Centralized and Decentralized Pay Determination in Nordic Countries, in: Calmfors, Lars (Hrsg.), Wage Formation and Macroeconomic Policy in the Nordic Countries, Stockholm, 395 bis 412

Flanagan, Robert J., 1992, Wages and wage policies in market economies: Lessons for Central and Eastern Europe, in: OECD Economic Studies, No. 18, 105 bis 132

Fröhlich, Hans-Peter, 1993, Wirtschaftliche Konvergenz in Europa im Spiegel der Maastricht-Kriterien, in: Institut der deutschen Wirtschaft Köln (Hrsg.), iw-trends, 20. Jg., Nr. 2, 31 bis 46

Guski, Hans-Günter und Hans. J. Schneider, 1983, Betriebliche Vermögensbeteiligung in der Bundesrepublik Deutschland, Köln

Hardes, Heinz-Dieter, 1993, Allgemeiner Kündigungsschutz in ausgewählten europäischen Ländern, in: Jahrbuch für Sozialwissenschaft, Bd. 44, 78 bis 103

Hart, Robert A., 1984, The Economics of Non-Wage Labour Costs, London et al.

Hartog, Joop und Jules Theeuwes (Hrsg.), 1993, Labour Market Contracts and Institutions, Amsterdam

Hemmer, Edmund, 1988, Sozialplanpraxis in der Bundesrepublik, Köln

Hutchens, Robert M., 1989, Seniority, Wages and Productivity: A Turbulent Decade, in: Journal of Economic Perspectives, Vol. 3, No. 4, 49 bis 64

Institut der deutschen Wirtschaft Köln (Hrsg.), 1992, Sozialraum Europa, Dossier Nr. 11, Köln

Internationales Arbeitsamt (Hrsg.), 1956, Soziale Aspekte der europäischen wirtschaftlichen Zusammenarbeit, in: Studien und Berichte, Neue Folge Nr. 46, Genf

International Labour Office (ILO), 1992, Wages, Non-wage Labour Costs and their Relation to Employment under Conditions of Structural Adjustment, Genf

Internationaler Währungsfonds, 1993, World Economic Outlook, Oktober

Johnson, Paul, 1993, Ageing and European Economic Demography, in: Paul Johnson und Klaus F. Zimmermann (Hrsg.), Labour Markets in an Ageing Europe, Cambridge, 26 bis 45

Johnson, Paul und Klaus F. Zimmermann, 1993, Ageing and the European Labour Market: Public Policy Issues, in: ibid., 1 bis 25

Knoester, A. und N. van der Windt, 1987, Real Wages and Taxation in ten OECD Countries, in: Oxford Bulletin of Economics and Statistics, Vol. 49, 151 bis 169

Kronke, Herbert, 1990, Regulierungen auf dem Arbeitsmarkt, Baden-Baden

Layard, Richard, Stephen Nickell und Richard Jackman, 1991, Unemployment: Macroeconomic Performance and the Labour Market, Oxford

Lazear, Edward, 1979, Why is there Mandatory Retirement?, in: Journal of Political Economy, Vol. 87, 1261 bis 1284

Lorenz, Wilhelm und Joachim Wagner, 1992, A Note on Return to Human Capital in the Eighties: Evidence from Twelve Countries, in: Jahrbücher für Nationalökonomie und Statistik, Bd. 211, 60 bis 72

Machin, Steven und Alan Manning, 1992, Minimum Wages, Wage Dispersion and Employment: Evidence from the U. K. Wage Councils, LSE Centre for Economic Performance, Discussion Paper No. 80, London

OECD, 1986 und 1992a, The Tax/Benefit Position of Production Workers, Paris

OECD, 1992b, Progress in Structural Reform: an Overview, Paris

OECD, 1993a, Employment Outlook 1993, Paris

OECD, 1993b, Eonomic Outlook, Nr. 13, Juni

OECD, 1993c, Employment/Unemployment Study: Interim Report by the Secretary-General, Paris

Oi, Walter Y., 1962, Labour as a Quasi-fixed Factor, in: Journal of Political Economy, Vol. 70, 538 bis 555

Oswald, Andrew J., 1993, Efficient Contracts are on the Labour Demand Curve: Theory and Facts, in: Labour Economics, Vol. 1, 85 bis 114

Padoa-Schioppa, Tommaso und Fiorella Kostoris, 1991, A Cross-Country Analysis of the Tax-Push Hypothesis, in: CEPR Discussion Paper No. 588, London

Rothman, Miriam, Dennis R. Briscoe und Raoul C. D. Nacamulli (Hrsg.), 1993, Industrial Relations Around the World, Berlin und New York

Sachverständigenrat zur Begutachtung der gesamtwirtschaftlichen Entwicklung, verschiedene Jahre, Jahresgutachten, Wiesbaden

Salowsky, Heinz, 1993, Arbeitskosten im internationalen Vergleich 1970/92, in: Institut der deutschen Wirtschaft Köln (Hrsg.), iw-trends, 20. Jg., Heft 2, 67 bis 86

Sauernheimer, Karlhans, 1992, Die Abschaffung der D-Mark, Volkswirtschaftliche Fakultät der Ludwig-Maximilians-Universität München (Hrsg.), Münchener Wissenschaftliche Beiträge, Nr. 92-07 (Mai), München

Schnabel, Claus, 1993, Korporatismus, zentralisierte Tarifverhandlungen und makroökonomische Performance, in: Zeitschrift für Wirtschaftspolitik, 42. Jg., 259 bis 272

Sievert, Olaf, 1993, Geld, das man nicht selbst herstellen kann - Ein ordnungspolitisches Plädoyer für die Europäische Währungsunion, in: Peter Bofinger, Stephan Collignon, Ernst-Moritz Lipp (Hrsg.), Währungsunion oder Währungschaos? Was kommt nach der D-Mark, Wiesbaden, 13 bis 24

Stigler, George J., 1946, The Economics of Minimum Wage Legislation, in: American Economic Review, Vol. 36, 358 bis 365

Tietmeyer, Hans, 1993, Europa auf dem Weg zur Währungsunion, in: Deutsche Bundesbank (Hrsg.), Auszüge aus Presseartikeln, Nr. 19 vom 11. März, 1 bis 6

Treu, Tiziano (Hrsg.), 1992, Participation in Public Policy-Making, Berlin und New York

Weitzman, Martin L., 1984, The Share Economy - Conquering Stagflation, Cambridge/Mass. und London

Wissenschaftlicher Beirat beim Bundesministerium für Wirtschaft, 1989, Europäische Währungsordnung, Gutachten vom 21. Januar, Bonn

Die Autoren:

Hans-Peter Fröhlich, Dr. rer. pol., geboren 1955 in Völklingen/Saar; Studium der Volkswirtschaftslehre in Saarbrücken und Washington, D.C.; stellvertretender Leiter der Hauptabteilung Wirtschafts- und Sozialwissenschaften im Institut der deutschen Wirtschaft Köln; Arbeitsbereich Internationale Wirtschaftspolitik.

Hans-Peter Klös, Dr. rer. pol., geboren 1959 in Mornshausen/Hessen; Studium der Volkswirtschaftslehre in Marburg; seit Oktober 1988 im Institut der deutschen Wirtschaft Köln; Arbeitsbereich Arbeitsmarkttheorie und -politik.

Rolf Kroker, Dr. rer.pol., geboren 1952 in Bramsche/Niedersachsen; Studium der Wirtschaftswissenschaften in Münster; von 1977 bis 1981 wissenschaftlicher Assistent am Lehrstuhl für Finanzwissenschaft der Westfälischen Wilhelms-Universität Münster; seit August 1981 im Institut der deutschen Wirtschaft Köln und seit 1992 Leiter der Hauptabteilung Wirtschafts- und Sozialwissenschaften.

Franz Josef Link, Dr. rer. pol., geboren 1957 in Richelbach/Unterfranken; Studium der Volkswirtschaftslehre in Würzburg; von 1982 bis 1986 wissenschaftlicher Mitarbeiter am Lehrstuhl für Volkswirtschaftslehre, Geld und internationale Wirtschaftsbeziehungen der Universität Würzburg; seit 1986 im Institut der deutschen Wirtschaft Köln; Arbeitsbereich Volkswirtschaftliche Gesamtrechnungen, Konjunktur und Lohnpolitik.

Claus Schnabel, Dr. oec., M.A., geboren 1961 in Stuttgart; Studium der Wirtschaftswissenschaften an der Universität Hohenheim und der University of Kent at Canterbury; seit 1988 im Institut der deutschen Wirtschaft Köln; seit 1992 Leiter des Referates Arbeitsbeziehungen.